Tatsachen über
Deutschland

INHALT

VORWORT

Was kennzeichnet Politik, Wirtschaft, Gesellschaft, Wissenschaft und Kultur in Deutschland? Die „Tatsachen über Deutschland" laden dazu ein, das moderne und weltoffene Land kennenzulernen. Das Handbuch bietet profundes Basiswissen und Orientierungshilfe – speziell konzipiert für internationale Leserinnen und Leser.

In neun Kapiteln vermitteln die „Tatsachen" ein Verständnis der deutschen Gesellschaft und zeigen, welche Modelle und Lösungen in einer Zeit der gesellschaftlichen und politischen Veränderung diskutiert werden. Die 2018 aktualisierte Auflage behandelt vor allem Gegenwartsthemen – geschichtliche und institutionelle Zusammenhänge sind in den Hintergrund verlagert. Um den Texten einen hohen Nutzwert zu geben, sind sie mit aktuellem Datenmaterial angereichert.

Zur Printausgabe „Tatsachen über Deutschland" gehört ein umfangreiches digitales Angebot, das die in der Printausgabe skizzierten Themen im Internet vertieft. ∎

Deutschland kennenlernen und erleben – mit den crossmedialen „Tatsachen über Deutschland"

TATSACHEN-FAMILIE

Einblick: Informative Überblickstexte geben schnelle Orientierung über die aktuellen Entwicklungen des Kapitelthemas.

Thema: Faktenreiche Sachtexte liefern eine vertiefte und erweiterte Einordnung und Rahmung zu den wichtigsten Aspekten.

Panorama: Umfangreiche Infografiken ergänzen die Kapitel und erweitern sie visuell anschaulich.

HANDBUCH

Die aktualisierte Ausgabe des Handbuchs „Tatsachen über Deutschland" bietet in neun Kapiteln unterschiedliche Zugänge zum Deutschland von heute. Die Kapitel sind so gegliedert, dass zunächst ein „Einblick" mit den wichtigsten Grundinformationen in das Thema einführt. Im Anschluss werden die unterschiedlichen Aspekte thematisch ausführlich vertieft. Jedes Kapitel enthält zudem viele Wegweiser zu weiterführenden Informationskanälen sowie cross-mediale Brückenangebote.

→ **Angebot in 14 Sprachen**
→ **Neun Themenfelder**
→ **Unterschiedliche Infoebenen**
→ **Weiterführende Hinweise**
→ **Wichtige Akteure zu jedem Thema**
→ **Print-to-web-Verknüpfungen mittels Augmented-Reality-Anwendungen**

MEHR ÜBER DEUTSCHLAND

Wer mehr erfahren möchte über Politik und Wirtschaft sowie Kultur, Wissenschaft und Gesellschaft besucht die Deutschland-Plattform. Hier gibt es die Geschichten hinter den Geschichten aus den News und Zugänge zu Ansprechpartnern, die passende Informationen zu Themen wie Studium,

tatsachen-ueber-deutschland.de:
Modernes Design trifft auf geballte Information.

DIGITAL

Das Herzstück des umfangreichen multimedialen Digitalangebots ist der Internetauftritt **tatsachen-ueber-deutschland.de**. Das responsive Design ermöglicht zudem eine optimale Ausspielung auf mobilen Endgeräten. Zur „Tatsachen"-Familie gehören auch E-Paper-Ausgaben und E-Reader-Angebote. Die Website tatsachen-ueber-deutschland.de hat den German Design Award 2018 in der Kategorie „Excellent Communications Design – Online Publications" des German Design Council gewonnen.

→ **Angebot in 14 Sprachen**
→ **Videos und interaktive Grafiken**
→ **Zusatzkapitel „Deutsche Geschichte"**
→ **Umfangreiche Hintergrundinfos und vertiefende Stichworte zu jedem Kapitel**

VIDEO ⬛ AR-APP

Digitales Zusatzmaterial
1. Laden Sie im App Store die kostenlose App „AR-Kiosk" auf Ihr Mobilgerät. „AR-Kiosk" ist bei iTunes und Google Play erhältlich.

2. Starten Sie die App und halten Sie Ihr Smartphone oder Tablet über das Bild mit dem Icon Video & AR App (Seiten 23, 39, 59, 79, 95, 115, 135, 155). Hinter diesen Seiten befinden sich zusätzliche digitale Inhalte.

3. Sobald die App das Bild erkannt hat, öffnen sich die Bonus-Inhalte automatisch.

Arbeit oder Reise bieten. Außerdem wirft die Website einen regionalen Blick auf Themen und Menschen, die Deutschland und seine Partner in der Welt verbinden – in Beiträgen für zehn Weltregionen. Und bleiben Sie im Austausch mit Deutschland auf den Social-Media-Kanälen.

deutschland.de
facebook.com/deutschland.de
twitter.com/de_deutschland
instagram.com/deutschland_de

AUF EINEN BLICK

Föderale Republik • Wappen & Symbole • Demografie •
Geografie & Klima • Parlament & Parteien • Politisches System •
Bundesregierung • Berühmte Deutsche

FÖDERALE REPUBLIK

Deutschland ist ein föderaler Bundesstaat. Sowohl der Bund als auch die 16 Länder verfügen über jeweils eigene Kompetenzen. Die Zuständigkeit für die Bereiche der Inneren Sicherheit, Schule, Hochschule, Kultur sowie der kommunalen Verwaltung liegt bei den Ländern. Gleichzeitig setzen die Verwaltungen der Länder nicht nur ihre eigenen Gesetze um, sondern auch die des Bundes. Die Regierungen der Länder sind über ihre Vertretung im Bundesrat direkt an der Gesetzgebung des Bundes beteiligt.

Der Föderalismus in Deutschland ist mehr als ein staatliches System, er bildet die dezentrale kulturelle und wirtschaftliche Struktur des Landes ab und wurzelt tief in der Tradition. Jenseits ihrer politischen Funktion sind die Länder auch Abbild ausgeprägter regionaler Identitäten. Im Grundgesetz wurde 1949 die starke Stellung der Länder festgeschrieben; mit der Wiedervereinigung wurden 1990 fünf neue Länder gegründet: Brandenburg, Mecklenburg-Vorpommern, Sachsen, Sachsen-Anhalt und Thüringen. Mit 17,9 Millionen Einwohnern ist Nordrhein-Westfalen das bevölkerungsreichste Land, Bayern mit 70.540 Quadratkilometern das von der Fläche her größte; mit 4.012 Einwohnern je Quadratkilometer hat Berlin, die Hauptstadt, die höchste Bevölkerungsdichte. Eine Besonderheit sind die drei Stadtstaaten. Ihr Staatsgebiet beschränkt sich jeweils auf die Großstädte Berlin, Bremen/Bremerhaven und Hamburg. Das kleinste Land ist Bremen mit 420 Quadratkilometern und 679.000 Einwohnern. Baden-Württemberg zählt zu den wirtschaftsstärksten Regionen Europas. Das Saarland war nach dem Zweiten Weltkrieg ein teilsouveränes Land unter dem Protektorat Frankreichs und wurde erst am 1. Januar 1957 als zehntes Bundesland in das damalige Bundesgebiet eingegliedert. ∎

Die 16 Länder

Kiel

SCHLESWIG-HOLSTEIN

MECKLENBURG-VORPOMMERN

Schwerin

HAMBURG

BREMEN

NIEDERSACHSEN

BRANDENBURG

BERLIN

Hannover

Magdeburg

Potsdam

SACHSEN-ANHALT

NORDRHEIN-WESTFALEN

Düsseldorf

Erfurt

Dresden

THÜRINGEN

SACHSEN

HESSEN

Wiesbaden

RHEINLAND-PFALZ

Mainz

SAARLAND

Saarbrücken

BAYERN

Stuttgart

BADEN-WÜRTTEMBERG

München

● Landeshauptstadt

Bundesadler

Das traditionsreichste deutsche Staatssymbol ist der Bundesadler. Bundespräsident, Bundesrat, Bundesverfassungsgericht und Bundestag führen unterschiedlich gestaltete Adler. Auch auf Münzen und Nationaltrikots deutscher Sportverbände sind unterschiedlich gestaltete Adler zu sehen.

Grundgesetz

Das 1949 in Bonn verabschiedete Grundgesetz war zunächst als Provisorium gedacht. Nach der Wiedervereinigung 1990 wurde es als dauerhafte Verfassung übernommen. Die 146 Artikel des Grundgesetzes stehen über allen anderen deutschen Rechtsnormen und legen die grundlegenden staatlichen System- und Wertentscheidungen fest.

Flagge

Das Grundgesetz legt die Farben Schwarz-Rot-Gold für die Bundesflagge fest. Damit knüpfte man 1949 an die Fahne der ersten deutschen Republik von 1919 an. Die Nationalsozialisten hatten sie abgeschafft und durch das Hakenkreuz ersetzt.

Nationalfeiertag

Der 3. Oktober wurde als Tag der Deutschen Einheit im Einigungsvertrag 1990 zum gesetzlichen Feiertag in Deutschland bestimmt. Der Tag der Deutschen Einheit ist im Übrigen der einzige gesetzliche Feiertag, der durch Bundesrecht festgelegt ist.

Währung

Seit dem 1. Januar 2002 ist der Euro in Deutschland das alleinige Zahlungsmittel. Er löste die seit 1948 genutzte D-Mark ab. Die Europäische Zentralbank (EZB) hat ihren Sitz in der deutschen Finanzmetropole Frankfurt am Main.

Domain

Die Domain .de ist die am weitesten verbreitete in Deutschland und die weltweit beliebteste länderspezifische Domain. Über die internationale Vorwahl +49 sind 99,9 Prozent der Haushalte über Festnetz oder Mobiltelefon erreichbar.

Nationalhymne

Die deutsche Nationalhymne besteht ausschließlich aus der dritten Strophe des „Deutschlandliedes" von August Heinrich Hoffmann von Fallersleben (1841). Die Melodie der Hymne komponierte Joseph Haydn 1796/97.

Ei – nig – keit und Recht und Frei – heit
Da – nach lasst uns al – le stre – ben

für das deut – sche Va – ter – land!
brü – der – lich mit Herz und Hand!

Ei – nig – keit und Recht und Frei – heit

sind des Glü – ckes Un – ter – pfand.

Blüh im Glan – ze die – ses Glü – ckes,

blü – he, deut – sches Va – ter – land!

DEMOGRAFIE

Für die demografische Entwicklung sind drei Trends kennzeichnend: eine niedrige Geburtenrate, die steigende Lebenserwartung und die Alterung der Gesellschaft. Die höchste Geburtenrate verzeichnete Deutschland 1964 mit 1,36 Millionen Neugeborenen; seitdem befindet sich das Land in einem Geburtentief. 2016 stieg die Zahl der Neugeborenen jedoch das fünfte Jahr in Folge, mit einer Geburtenziffer von 1,59 Kindern je Frau rückte Deutschland ins europäische Mittelfeld auf. Dennoch ist die Kindergeneration seit 35 Jahren um etwa ein Drittel kleiner als die Elterngeneration – die Gruppe der 50-Jährigen ist heute doppelt so groß wie die der Neugeborenen. Gleichzeitig steigt die Lebenserwartung. Sie beträgt bei Männern durchschnittlich 78 Jahre, bei Frauen 83 Jahre.

Der demografische Wandel mit gravierenden Folgen für die wirtschaftliche Entwicklung und die Sozialsysteme wird abgeschwächt durch die Einwanderung. Knapp über 22 Prozent der in Deutschland lebenden Menschen (18,6 Millionen) haben einen Migrationshintergrund. Von ihnen haben mehr als die Hälfte einen deutschen Pass. Die Angehörigen von vier nationalen Minderheiten sind als „alteingesessen" anerkannt und werden besonders geschützt und gefördert: die dänische Minderheit (50.000) und die friesische Volksgruppe (60.000) in Norddeutschland, die Lausitzer Sorben (60.000) entlang der deutsch-polnischen Grenze sowie die deutschen Sinti und Roma (70.000). ■

LEBENSERWARTUNG

83 Jahre / 78 Jahre
Frauen   Männer

EINWANDERER 2016

1.865.000

AUSWANDERER 2016

1.365.000

HAUSHALTE

40,8 Mio.

BEVÖLKERUNG

82,6 Mio.

GESCHLECHTERVERTEILUNG

40,74 Mio.　41,83 Mio.
Frauen　　　　　　Männer

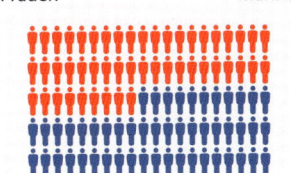

ALTERSSTRUKTUR

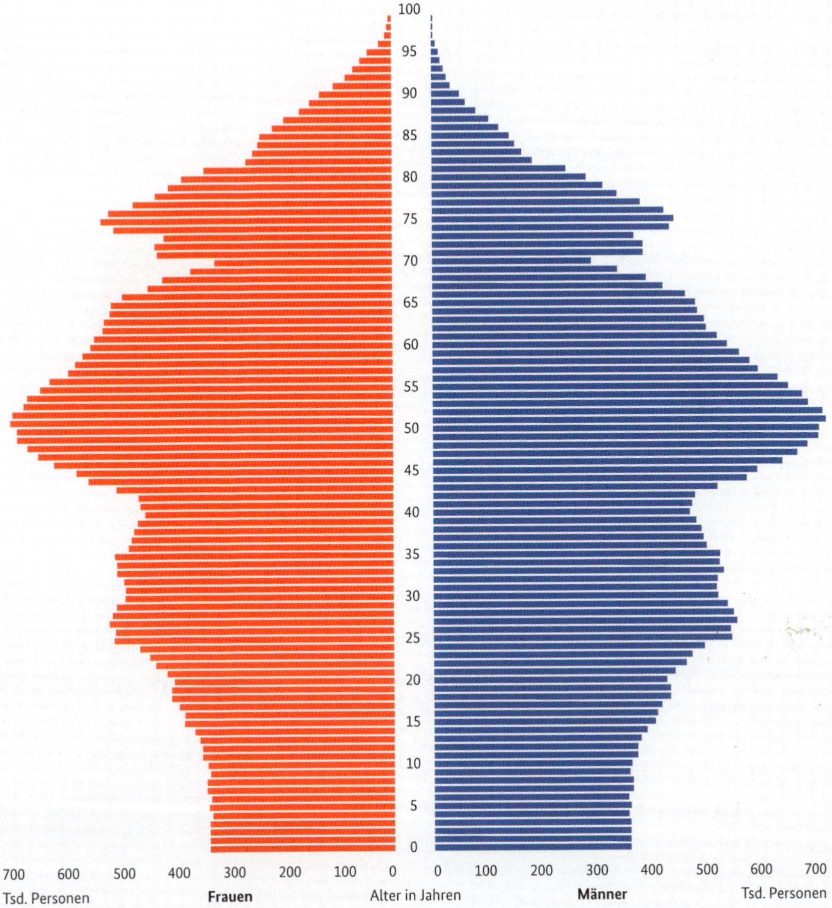

| 100 |
| 95 |
| 90 |
| 85 |
| 80 |
| 75 |
| 70 |
| 65 |
| 60 |
| 55 |
| 50 |
| 45 |
| 40 |
| 35 |
| 30 |
| 25 |
| 20 |
| 15 |
| 10 |
| 5 |
| 0 |

700　600　500　400　300　200　100　0　　0　100　200　300　400　500　600　700

Tsd. Personen　　　**Frauen**　　　Alter in Jahren　　　**Männer**　　　Tsd. Personen

Statistisches Bundesamt

GEOGRAFIE & KLIMA

Deutschland liegt in der Mitte Europas. Es teilt seine Grenzen mit neun Staaten. Kein anderes europäisches Land hat mehr Nachbarn. Im Norden hat Deutschland Zugang zur Ostsee und zur Nordsee. Im Süden grenzt es an die Alpen. Die höchste Erhebung bildet die in Bayern gelegene Zugspitze mit 2.962 Höhenmetern. Der tiefste Punkt an Land liegt mit 3,54 Metern unter Normalhöhennull bei dem Ort Neuendorf-Sachsenbande im Bundesland Schleswig-Holstein. Mit 357.340 Quadratkilometern ist Deutschland nach Frankreich, Spanien und Schweden das viertgrößte Land der Europäischen Union (EU). Knapp ein Drittel seiner Gesamtfläche ist mit Wald bedeckt. Seen, Flüsse und andere Gewässer machen mehr als zwei Prozent seiner Fläche aus. Der längste Fluss ist der Rhein. Im Südwesten bildet er die Grenze zwischen Deutschland und Frankreich, weiter nördlich liegen Bonn, Köln und Düsseldorf an seinem Ufer. Die Elbe, der zweitlängste Strom, verbindet Dresden, Magdeburg und Hamburg und mündet in die Nordsee.

In Deutschland herrscht ein gemäßigtes Klima. Im Juli liegt das mittlere Temperaturmaximum bei 21,8 Grad Celsius, das Minimum bei 12,3 Grad. Im Januar liegt das mittlere Maximum bei 2,1 Grad, das Minimum bei −2,8 Grad. Die höchste Temperatur seit Beginn der Wetteraufzeichnung wurde am 5. Juli 2015 mit 40,3 Grad Celsius in Kitzingen am Main gemessen. ∎

LAGE

Mitteleuropa

FLÄCHE

357.340 km²

HAUPTSTADT

Berlin

891,70 km²

SONNENSTUNDEN
1.595

REGEN
850 l/m²

KÜSTE
2.442 km

LÄNGSTER FLUSS
Rhein
865 km in Deutschland

WALDFLÄCHE
114.191 km²

HÖCHSTER BERG
Zugspitze
2.962 m

PARLAMENT & PARTEIEN

Der Deutsche Bundestag wird alle vier Jahre von den wahlberechtigten Bürgerinnen und Bürgern ab dem 18. Lebensjahr in freier, geheimer und direkter Wahl gewählt. Der Bundestag ist das Parlament. Die Hälfte der mindestens 598 Bundestagsmandate wird durch die Wahl von Landeslisten der Parteien (Zweitstimmen) zugeteilt, die andere durch die Wahl von Personen in 299 Wahlkreisen (Erststimmen). Das Wahlsystem macht es für eine einzelne Partei schwer, allein die Regierung zu bilden – das Parteienbündnis ist die Regel. Um die Mehrheitsbilder nicht durch die Präsenz kleiner Parteien zu komplizieren, schließt sie eine Sperrklausel, die Fünf-Prozent-Hürde, von der Vertretung im Bundestag aus.

Im 19. Deutschen Bundestag sind sieben Parteien mit 709 Abgeordneten vertreten: CDU, CSU, SPD, AfD, FDP, Die Linke und Bündnis 90/Die Grünen. Im Bundestag bilden CDU und ihre nur in Bayern antretende Schwesterpartei CSU seit der ersten Bundestagswahl 1949 eine gemeinsame Fraktion. Neu ins Parlament kam in dieser Legislaturperiode die Alternative für Deutschland (AfD); die FDP ist nach vier Jahren Pause wieder im Bundestag vertreten.

Die derzeitige Bundesregierung wird getragen von einer Koalition aus CDU/CSU und SPD, mit Dr. Angela Merkel (CDU) als Bundeskanzlerin, Olaf Scholz (SPD) als Vizekanzler und Heiko Maas (SPD) als Bundesaußenminister. AfD, FDP, Linke und Grüne bilden die Opposition im Parlament. ■

Parteien

**Christlich-Demokratische Union
Deutschlands (CDU)**
427.173 Mitglieder
Wahlergebnis 2017: 26,8 Prozent

**Sozialdemokratische Partei
Deutschlands (SPD)**
463.723 Mitglieder
Wahlergebnis 2017: 20,5 Prozent

Alternative für Deutschland (AfD)
29.000 Mitglieder
Wahlergebnis 2017: 12,6 Prozent

Freie Demokratische Partei (FDP)
63.050 Mitglieder
Wahlergebnis 2017: 10,7 Prozent

DIE LiNKE.

Die Linke
62.182 Mitglieder
Wahlergebnis 2017: 9,2 Prozent

Bündnis 90/Die Grünen
65.257 Mitglieder
Wahlergebnis 2017: 8,9 Prozent

CSU

Christlich-Soziale Union (CSU)
141.000 Mitglieder
Wahlergebnis 2017: 6,2 Prozent

Bundestag

Der Bundestag hat mindestens 598 Mitglieder.
Hinzu kommen in der Regel sogenannte Über-
hang- und Ausgleichsmandate. Der 2017 gewählte
19. Bundestag umfasst 709 Abgeordnete.

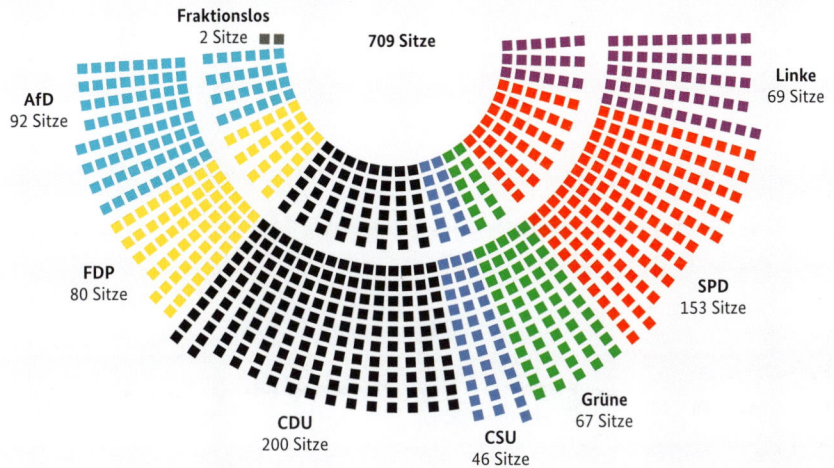

Fraktionslos
2 Sitze

709 Sitze

Linke
69 Sitze

AfD
92 Sitze

FDP
80 Sitze

SPD
153 Sitze

CDU
200 Sitze

CSU
46 Sitze

Grüne
67 Sitze

Bundesrat

Der Bundesrat ist eines von fünf ständigen Verfassungsorganen. Er ist die Vertretung der Länder. Dem Bundesrat
gehören 69 Vertreter der Landesregierungen an. Jedes
Land hat mindestens drei, die einwohnerstärkeren Länder
bis zu sechs Stimmen.

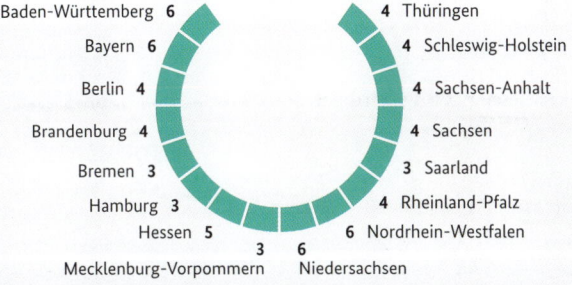

Baden-Württemberg **6**   **4** Thüringen

Bayern **6**   **4** Schleswig-Holstein

Berlin **4**   **4** Sachsen-Anhalt

Brandenburg **4**   **4** Sachsen

Bremen **3**   **3** Saarland

Hamburg **3**   **4** Rheinland-Pfalz

Hessen **5**   **6** Nordrhein-Westfalen

3   **6**

Mecklenburg-Vorpommern   Niedersachsen

POLITISCHES SYSTEM

Der Bundespräsident ist der protokollarisch ranghöchste Repräsentant Deutschlands. Protokollarisch an zweiter Stelle steht der Bundestagspräsident. Stellvertreter des Bundespräsidenten ist der Bundesratspräsident – ein Amt, das im jährlichen Turnus ein Ministerpräsident innehat. Das Amt mit der größten politischen Gestaltungsmacht ist das des Bundeskanzlers. Der Präsident des Bundesverfassungsgerichts gehört ebenfalls zu den hohen Repräsentanten. ∎

Dr. Frank-Walter Steinmeier, geb. 1956, Bundespräsident seit März 2017

Dr. Angela Merkel, geb. 1954, CDU, Bundeskanzlerin seit November 2005

Dr. Wolfgang Schäuble, geb. 1942, CDU, Bundestagspräsident seit 2017

Dr. Andreas Voßkuhle, geb. 1963, Präsident des Bundesverfassungsgerichts

Volk

Wahlberechtigt sind alle deutschen Staatsbürger ab 18 Jahre. Sie wählen die Abgeordneten in allgemeiner, unmittelbarer, freier, gleicher und geheimer Wahl.

wählt

wählt

Landesparlamente

Die Wahlperiode der Landesparlamente beträgt in der Regel fünf Jahre. Ihre Befugnisse und Organisation regeln die Landesverfassungen.

stellen

wählen

Landesregierungen

Die Landesregierungen werden von den jeweiligen Landesparlamenten in geheimer Abstimmung gewählt und können von diesen auch gestürzt werden.

stellen

Bundestag

Das Parlament ist auf vier Jahre
gewählt und hat 598 Abgeordnete. Hinzu kommen Überhang-
mandate und Ausgleichsmandate.
Dem Bundestag obliegen die
Gesetzgebung und die
Kontrolle der Regierung.

wählt

Bundeskanzler

Der Kanzler wird in geheimer
Wahl vom Bundestag
gewählt. Er bestimmt die
Richtlinien der Politik und
steht dem Kabinett vor.

**schlägt
vor**

Bundesregierung

Die Regierung besteht aus
dem Bundeskanzler und den
Bundesministern. Jeder
Minister leitet sein Ressort
eigenverantwortlich.

wählt

stellt

Bundesversammlung

Die Bundesversammlung tritt
allein zur Wahl des Bundespräsidenten zusammen und wählt
diesen in geheimer Wahl für
eine Amtszeit von fünf Jahren.

wählt

ernennt

ernennt

Bundespräsident

Das Staatsoberhaupt hat in
erster Linie repräsentative Aufgaben und vertritt die Bundesrepublik Deutschland nach außen.
Der Bundespräsident ernennt
den Kanzler und die Bundesminister und fertigt die Gesetze aus.

Bundesrat

Die Länderkammer besteht aus
69 von den Landesregierungen
entsandten Mitgliedern. In vielen
Bereichen bedürfen Gesetze der
Zustimmung des Bundesrates.

wählt

wählt

Bundesverfassungsgericht

Das Gericht besteht aus 16 Richtern.
Sie werden je zur Hälfte mit Zwei-
drittelmehrheit von Bundestag und
Bundesrat gewählt.

BUNDESREGIERUNG

Bundeskanzler und Bundesminister bilden die Bundesregierung, das Kabinett. Neben der Richtlinienkompetenz des Kanzlers gilt das Ressortprinzip, nach dem die Minister ihren Bereich im Rahmen der Richtlinien eigenständig leiten, sowie das Kollegialprinzip, nach dem die Bundesregierung mit Mehrheitsbeschluss über Streitfragen entscheidet. Das Bundeskabinett besteht aus 14 Fachministern und dem Chef des Bundeskanzleramtes. Die Bundesministerien sind die höchsten Bundesbehörden in den Ressorts.

Der Bundeskanzler bestimmt die Richtlinien der Politik und trägt dafür die Verantwortung. Im Kanzleramt und den Bundesministerien sind rund 18.000 Mitarbeiter beschäftigt. Zu den personalstarken Ministerien gehören das Auswärtige Amt und das Bundesministerium der Verteidigung. Acht Ministerien haben ihren Hauptsitz in Berlin, sechs Ministerien in der Bundesstadt Bonn. Alle Ministerien sind mit Dienststellen in beiden Städten vertreten. ∎

Bundesministerien

Bundesministerium der Finanzen
→ **bundesfinanzministerium.de**

Bundesministerium des Innern,
für Bau und Heimat
→ **bmi.bund.de**

Auswärtiges Amt
→ **www.diplo.de**

Bundesministerium für
Wirtschaft und Energie
→ **bmwi.de**

Bundesministerium der Justiz
und für Verbraucherschutz
→ **bmjv.de**

Bundesministerium für Arbeit und Soziales
→ **bmas.de**

Bundesministerium der Verteidigung
→ **bmvg.de**

Bundesministerium für
Ernährung und Landwirtschaft
→ **bmel.de**

Bundesministerium für Familie,
Senioren, Frauen und Jugend
→ **bmfsfj.de**

Bundesministerium für Gesundheit
→ **www.bundesgesundheitsministerium.de**

Bundesministerium für Verkehr
und digitale Infrastruktur
→ **bmvi.de**

Bundesministerium für Umwelt,
Naturschutz und nukleare Sicherheit
→ **bmu.de**

Bundesministerium für Bildung und
Forschung
→ **bmbf.de**

Bundesministerium für wirtschaftliche
Zusammenarbeit und Entwicklung
→ **bmz.de**

Bundespräsidenten & Bundeskanzler

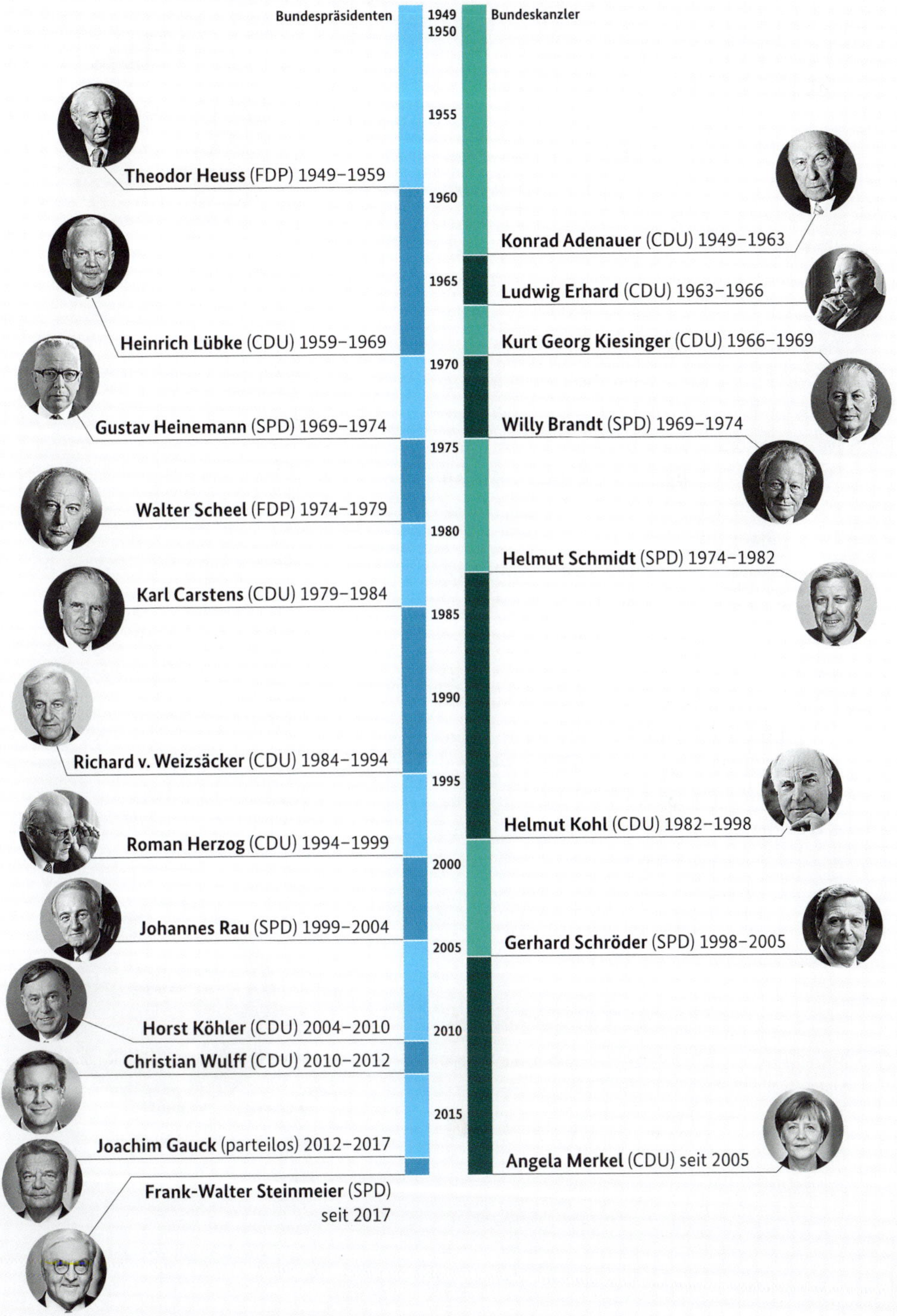

Bundespräsidenten | 1949 1950 | Bundeskanzler

1955

Theodor Heuss (FDP) 1949–1959

1960

Konrad Adenauer (CDU) 1949–1963

1965

Ludwig Erhard (CDU) 1963–1966

Heinrich Lübke (CDU) 1959–1969

Kurt Georg Kiesinger (CDU) 1966–1969

1970

Gustav Heinemann (SPD) 1969–1974

Willy Brandt (SPD) 1969–1974

1975

Walter Scheel (FDP) 1974–1979

1980

Helmut Schmidt (SPD) 1974–1982

Karl Carstens (CDU) 1979–1984

1985

1990

Richard v. Weizsäcker (CDU) 1984–1994

1995

Roman Herzog (CDU) 1994–1999

Helmut Kohl (CDU) 1982–1998

2000

Johannes Rau (SPD) 1999–2004

Gerhard Schröder (SPD) 1998–2005

2005

Horst Köhler (CDU) 2004–2010

2010

Christian Wulff (CDU) 2010–2012

2015

Joachim Gauck (parteilos) 2012–2017

Angela Merkel (CDU) seit 2005

Frank-Walter Steinmeier (SPD) seit 2017

BERÜHMTE DEUTSCHE

Gefeierte Klassiker, mutige Visionäre, scharfe Denker: Die deutsche Geschichte ist reich an Menschen, die Außergewöhnliches geleistet haben. Viele sind weit über die Landesgrenzen hinaus berühmt. Das Goethe-Institut trägt den Namen eines der bekanntesten Deutschen, Johann Wolfgang von Goethe, seit 1951 in die Welt hinaus. Zu den Bayreuther Festspielen treffen sich alljährlich Wagnerianer aus aller Welt, um dem „Ring des Nibelungen" zu huldigen. Namen wie Humboldt und Einstein, Röntgen und Planck, Benz und Otto begründeten den Ruf Deutschlands als Land der Forscher und Ingenieure. Ihnen folgten Chemie-Nobelpreisträger Stefan Hell oder Astronaut Alexander Gerst.

Schwer hatten es Frauen, in früheren Tagen ähnliche Biografien zu schreiben. Man findet sie dennoch: Frauen wie Clara Schumann, Maria Sybilla Merian, Paula Modersohn-Becker, Rosa Luxemburg, Anna Seghers, Sophie Scholl oder die große Choreografin Pina Bausch. Heute stehen Literatin Herta Müller oder Forscherin Christiane Nüsslein-Volhard für herausragende Leistungen. Sie alle gelten als Vorbilder für eine moderne Gesellschaft, die Männer und Frauen gleichermaßen Teilhabe und Chancengleichheit ermöglicht – wozu fortgesetzte Anstrengungen notwendig sind. ∎

Johann Wolfgang von Goethe

Poet, Dramatiker, Gelehrter: Johann Wolfgang von Goethe (1749–1832) gilt als der Klassiker der deutschen Literatur.

Friedrich von Schiller

Streiter für die Freiheit: Friedrich von Schiller (1759–1805) gilt als einer der großen Dramatiker der Weltbühne („Die Räuber", „Maria Stuart", „Don Carlos") und als bedeutender Essayist.

Johann Sebastian Bach

Virtuose barocker Kirchenmusik: Johann Sebastian Bach (1685–1750) vervollkommnete die strenge „Kunst der Fuge" und schuf mehr als 200 Kantaten und Oratorien.

Marlene Dietrich

Die Filmdiva: Marlene Dietrich (1901–1992) wurde als eine von wenigen deutschen Schauspielerinnen zur Ikone („Der blaue Engel"). 1939 nahm die gebürtige Berlinerin die amerikanische Staatsbürgerschaft an.

Ludwig van Beethoven

Wegbereiter der Romantik: Ludwig van Beethoven (1770–1827) brachte bei klarer Konzentration auf die Form in völlig neuem Maß individuellen Ausdruck und Empfindung in die Musik („9. Sinfonie").

Thomas Mann

Meister des Romans und der Novelle: Thomas Mann (1875–1955) gehört zu den großen Schriftstellern der Weltliteratur des 20. Jahrhunderts. Für sein Familienepos „Buddenbrooks" erhielt er 1929 den Nobelpreis für Literatur.

Albrecht Dürer

Künstler der deutschen Renaissance: Albrecht Dürer (1471–1528) aus Nürnberg zählt zu den bedeutendsten und vielseitigsten Persönlichkeiten der Kunstgeschichte. Er revolutionierte die Techniken des Holzschnittes und des Kupferstiches.

Wilhelm Conrad Röntgen

Entdecker der X-Strahlen: Wilhelm Conrad Röntgen (1845–1923) entdeckte 1895 die nach ihm benannten Röntgenstrahlen. 1901 erhielt er den ersten Nobelpreis für Physik. Seitdem sind mehr als 80 deutsche Spitzenforscher hinzugekommen.

Willy Brandt

Politiker und Weltbürger: Willy Brandt (1913–1992) leitete als Bundeskanzler (1969–1974) die Entspannungspolitik ein; er verkörperte den gesellschaftlichen Aufbruch jener Jahre wie kein anderer – 1971 erhielt er den Friedensnobelpreis.

STAAT & POLITIK

Neue Aufgaben • Föderaler Staat • Aktive Politik •
Vielfältige Teilhabe • Das politische Berlin • Lebendige Erinnerungskultur

EINBLICK

NEUE AUFGABEN

Deutschland ist ein wertebasierter, demokratischer, wirtschaftlich erfolgreicher und weltoffener Staat. Die politische Landschaft ist vielfältig. Nach den Wahlen zum 19. Deutschen Bundestag (2017) sondierte zunächst die als stärkste Kraft aus den Wahlen hervorgegangene CDU/CSU mit der FDP und Bündnis 90/Die Grünen die Möglichkeit einer Koalitionsregierung. Diese Gespräche scheiterten. Anschließend schlossen CDU/CSU und SPD nach harten Koalitionsgesprächen und einem Mitgliederentscheid der SPD im März 2018 eine Große Koalition. Ein Bündnis der beiden stärksten Kräfte im deutschen Parteiensystem hatte es bereits in der vorangehenden Legislaturperiode gegeben. Von den 709 Abgeordneten nehmen die Koalitionäre 399 Sitze ein (CDU/CSU 246, SPD 153). Die Opposition besteht aus AfD (92 Mandate), FDP (80), Die Linke (69) und Bündnis 90/Die Grünen (67 Mandate) sowie zwei fraktionslosen Abgeordneten. Zum ersten Mal im Deutschen Bundestag vertreten ist die rechtspopulistische Alternative für Deutschland (AfD). Bundeskanzlerin Dr. Angela Merkel (CDU) ist als Regierungschefin seit 2005 im Amt und führt ihre vierte Amtsperiode als erste Frau in der Geschichte der Bundesrepublik Deutschland in diesem Amt. Vizekanzler Olaf Scholz (Finanzminister) und Heiko Maas (Außenminister) sind wichtige Vertreter der SPD im Kabinett. Das Bundeskabinett besteht aus 14 Fachministerinnen und -ministern sowie dem Chef des Bundeskanzleramtes. Als Grundlage der gemeinsamen Arbeit der Regierungsparteien gilt der Koalitionsvertrag mit dem Titel „Ein neuer Aufbruch für Europa. Eine neue Dynamik für Deutschland. Ein neuer Zusammenhalt für unser Land".

Die Wirtschaft in Deutschland geht 2018 in das neunte Wachstumsjahr in Folge, die Be- ▶

VIDEO ◧ AR-APP

Staat & Politik: das Video zum Thema
→ **tued.net/de/vid1**

Das Reichstagsgebäude in Berlin ist seit 1999 Sitz des Deutschen Bundestags. Sir Norman Foster entwarf die Kuppel

▶ schäftigung liegt auf einem Rekordniveau, die Einnahmen von Staat und Sozialversicherungen sind gestiegen. Die Neuverschuldung im Bund ist auf null reduziert worden. Die Energiewende wurde vorangetrieben – die Erneuerbaren Energien sind auf dem Weg zur bestimmenden Technologie für die Stromerzeugung.

Das Zusammenwachsen von Ost und West, ein zentrales Thema seit der Wiedervereinigung 1990, haben die Menschen in Deutschland gemeinsam zu einer Erfolgsgeschichte gemacht. Noch bis 2019 gilt der „Solidarpakt II", für den 156,5 Milliarden Euro zur Verfügung stehen. Alle Steuern zahlenden Bürgerinnen und Bürger in Ost und West engagieren sich weiterhin gemeinsam für den „Aufbau Ost" – mit dem „Solidaritätszuschlag", einer Ergänzungsabgabe von heute 5,5 Prozent des Steuerbetrags.

Aber auch neue Aufgaben warten. Der demografische Wandel gilt – wie in anderen Industrieländern – als Herausforderung. Auch die Themen Zuwanderung und Integration stehen weit oben auf der Agenda. Das Ergebnis der Bundestagswahl zeigte die Verunsicherung und Unzufriedenheit vieler Menschen, die Bundesregierung will daher, wie es im Koalitionsvertrag heißt, „sichern, was gut ist, aber gleichzeitig den Mut zur politischen Debatte, zu Erneuerung und für Veränderung beweisen". ∎

 NETZ

Deutscher Bundestag
Wahlen, Abgeordnete, Fraktionen
→ bundestag.de

Bundesrat
Zusammensetzung, Aufgaben, Sitzungen
→ bundesrat.de

Bundespräsident
Staatsbesuche, Termine, Aufgaben
→ bundespraesident.de

Jeden Mittwoch um 9.30 Uhr tagt das Bundeskabinett unter Vorsitz von Bundeskanzlerin Merkel im Kanzleramt

AKTEURE & INSTRUMENTE

Politische Parteien

Deutschland ist eine Parteiendemokratie. Im 19. Deutschen Bundestag sind sieben Parteien vertreten – CDU, CSU, SPD, AfD, FDP, Die Linke und Bündnis 90/Die Grünen. Daneben gibt es rund 25 Kleinparteien, deren Einfluss auf die Bundespolitik aufgrund der Fünf-Prozent-Hürde beschränkt ist. In verschiedenen Landtagen sind einige von ihnen allerdings vertreten. Die Sozialdemokratische Partei Deutschlands (SPD) ist die mitgliederstärkste Partei (463.700 Mitglieder). Die Christlich Demokratische Union (CDU) hat rund 427.000 Mitglieder; ihre Schwesterpartei CSU in Bayern 141.000 (2017).
→ **bundeswahlleiter.de**

Gewerkschaften

Der Deutsche Gewerkschaftsbund (DGB) umfasst insgesamt acht Einzelgewerkschaften und 6 Millionen Mitglieder. Die größte Einzelgewerkschaft ist mit 2,3 Millionen Mitgliedern die IG Metall; sie vertritt unter anderem die Arbeitnehmer der Automobilbranche. Die Positionen der Gewerkschaften haben in politischen Debatten Gewicht und Einfluss.
→ **dgb.de**

Industrieverbände

Der Bundesverband der Deutschen Industrie (BDI) als Spitzenorganisation der Industrie vereint 35 Branchenverbände und spricht für rund 100.000 Unternehmen.
→ **bdi.de**

Soziale Bewegungen

Seit den 1970er-Jahren engagieren sich in Deutschland viele Menschen aktiv in umweltpolitischen Gruppen, Bürgerbewegungen und Nichtregierungsorganisationen. Der größte Umweltverband ist mit mehr als einer halben Million Mitgliedern der Bund für Umwelt und Naturschutz Deutschland (BUND).
→ **bund.net**

Demoskopie

Zahlreiche Meinungsforschungsinstitute erforschen regelmäßig das politische und gesellschaftliche Klima. Institute wie infratest dimap, Allensbach, Forsa, Emnid und die Forschungsgruppe Wahlen sind besonders vor den Wahlen präsent, aber auch mit aktuellen wöchentlichen Stimmungsbarometern.

➕ DIGITAL PLUS

Mehr Informationen zu allen Themen des Kapitels – kommentierte Linklisten und Beiträge; dazu weiterführende Informationen zu Begriffen wie Bundesrat, Bundesregierung, Bundesstaat, Bundestag, Bundesverfassungsgericht, Grundgesetz, Wahlsystem.
→ **tued.net/de/dig1**

THEMA
FÖDERALER STAAT

Deutschland ist eine parlamentarische und föderale Demokratie. Das in der öffentlichen Wahrnehmung präsenteste Verfassungsorgan, der Deutsche Bundestag, wird von den wahlberechtigten Bürgerinnen und Bürgern alle vier Jahre direkt gewählt. Die wichtigsten Aufgaben des Bundestages sind die Gesetzgebung und die Kontrolle der Regierungsarbeit. Für die Dauer der Legislaturperiode wählt der Bundestag in geheimer Wahl den Bundeskanzler. Er hat innerhalb der Bundesregierung die Richtlinienkompetenz, das heißt, er legt verbindlich die Grundzüge der Politik fest. Der Bundeskanzler bestimmt die Bundesminister und aus deren Reihe einen Vizekanzler. Faktisch entscheiden jedoch die an der Regierung beteiligten Parteien, welche

Personen die ihnen in Koalitionsverhandlungen zugesprochenen Ressorts besetzen. Zerbricht eine Koalition, kann auch der Kanzler vor Ablauf der vierjährigen Wahlperiode stürzen, denn der Bundestag hat das Recht, den Regierungschef jederzeit abzuwählen. Allerdings muss das Parlament in diesem Fall gleichzeitig durch ein sogenanntes „konstruktives Misstrauensvotum" einen Nachfolger bestimmen. Eine Zeit ohne gewählte Regierung im Amt kann es also nicht geben.

Koalitionsregierungen sind in Deutschland die Regel

Entscheidend für den Charakter des Parlaments ist das System der personalisierten Verhältniswahl. Auch kleinere Parteien sind dadurch im Bundestag proportional zu ihren Wahlergebnissen vertreten. Bis auf eine Ausnahme wurde die Bundesregierung deshalb jeweils durch Bündnisse mehrerer bei der Wahl konkurrierender Parteien gebildet; seit der ersten Bundestagswahl 1949 gab es 24 Koalitionsregierungen. Damit eine Zersplitterung im Parlament verhindert und eine Regierungsbildung vereinfacht wird, müssen Parteien mindestens fünf Prozent der abgegebenen Wählerstimmen (oder drei Direktmandate) auf sich vereinen, um im Bundestag vertreten zu sein (Fünf-Prozent-Hürde).

Der föderale Charakter Deutschlands zeigt sich durch die große Eigenständigkeit der 16

≡ LISTE

- Größtes Land: **Nordrhein-Westfalen (17,9 Mio. Einwohner)**

- Höchster Einzeletat des Bundes: **Arbeit und Soziales (137,6 Mrd. Euro)**

- Größter Bundestagsausschuss: **Wirtschaft und Energie (49 Mitglieder)**

- Höchste Wahlbeteiligung: **Bundestagswahl 1972 (91,1 Prozent)**

- Größte Bundestagsfraktion: **CDU/CSU (246 Abgeordnete)**

Auf dem Dach des Reichstags in Berlin: Täglich besichtigen rund 8.000 Menschen das Parlamentsgebäude

Länder, insbesondere in Angelegenheiten der Polizei, des Katastrophenschutzes, der Justiz, der Bildung und der Kultur. Die Städte Berlin, Hamburg und Bremen sind aus historischen Gründen auch gleichzeitig Bundesländer. Einzigartig ist die enge Verzahnung zwischen den Ländern und dem Zentralstaat, woraus sich für die Landesregierungen vielfältige Möglichkeiten der bundespolitischen Mitwirkung ergeben. Dies geschieht vor allem über den Bundesrat, der zweiten Kammer, die sich aus Mitgliedern der Landesregierungen zusammensetzt, ebenfalls mit Sitz in Berlin. Bevölkerungsreiche Länder sind im Bundesrat stärker repräsentiert als kleinere Länder. Auch Parteien, die auf Bundesebene die Opposition stellen oder gar nicht im Bundestag vertreten sind, können über die Beteiligung an Landesregierungen Einfluss auf die Bundespolitik ausüben, denn zahlreiche Bundesgesetze und Verordnungen bedürfen der Zustimmung durch den Bundesrat. Erstmals stellen seit ▶

▸ 2011 und 2014 die beiden kleinsten im Bundestag vertretenen Parteien, Bündnis 90/ Die Grünen und Die Linke, in jeweils einem Land (Baden-Württemberg und Thüringen) den Ministerpräsidenten.

Da es keinen einheitlichen Wahltermin für die Landtage gibt und die Legislaturperioden variieren, kann es parallel zur Legislaturperiode im Bundestag zu mehrfach wechselnden Kräfteverhältnissen im Bundesrat kommen. In der derzeitigen Konstellation der Länderkammer hat die Bundesregierung keine sichere Mehrheit im Bundesrat. Klar abgrenzbare Blöcke mit einheitlichem Abstimmungsverhalten gibt es dort nicht mehr, da in den 16 Ländern eine solche Vielfalt an Koalitionen besteht, wie dies seit Bestehen der Bundesrepublik nicht der Fall war. Nur in Bayern kann mit der CSU eine Partei ohne Koalitionspartner regieren. Ansonsten gab es im Frühjahr 2018 neben vier Landesregierungen aus CDU und SPD, zwei Verbindungen zwischen SPD und Grünen, zwei aus CDU und Grünen, eine aus SPD und Die Linke, zwei Koalitionen aus Die Linke, SPD und Grünen sowie je eine Koalition aus CDU und FDP, aus CDU, Grünen und FDP, aus SPD, FDP und Grünen sowie aus SPD, CDU und Grünen.

Der Bundespräsident ist der erste Bürger im Staat

Das protokollarisch höchste Amt bekleidet der Bundespräsident. Er wird nicht vom Volk, sondern von einer eigens dafür einberufenen Bundesversammlung gewählt. Sie besteht zur Hälfte aus den Abgeordneten des Bundestages, zur anderen Hälfte aus Mitgliedern, die von den Landesparlamenten proportional zu der dortigen Sitzverteilung gewählt werden. Der Bundespräsident übt sein Amt über fünf Jahre aus, eine Wiederwahl ist einmal möglich. Seit 2017 ist Dr. Frank-Walter Steinmeier Bundespräsident. Er war als SPD-Politiker von 2005 bis 2009 und von 2013 bis 2017 Bundesaußenminister. Steinmeier ist der zwölfte Bundespräsident seit 1949. Obwohl der Bundespräsident in erster Linie repräsentative Aufgaben hat, kann er auch seine Unterschrift unter Gesetze verweigern, wenn er Zweifel an

WEGMARKEN

1949

Am 23. Mai verabschiedet der Parlamentarische Rat, den Vertreter der Länder aus den westlichen Besatzungszonen bilden, in Bonn das Grundgesetz. Am 14. August wird der erste Bundestag gewählt.

1953

Am 17. Juni 1953 protestieren rund eine Million Menschen in Ost-Berlin und in der DDR gegen die politischen und wirtschaftlichen Verhältnisse. Der Aufstand wird mit massivem Militäreinsatz niedergeschlagen.

1961

Die Führung der DDR riegelt in Berlin mit Mauer und Stacheldraht die Übergänge von Ost nach West ab. Auf Flüchtlinge wird geschossen. Die staatliche Einheit Deutschlands scheint auf absehbare Zeit unerreichbar.

deren Verfassungsmäßigkeit hat. Den größten Einfluss haben die bisherigen Amtsinhaber über öffentliche Reden ausgeübt, denen hohe Aufmerksamkeit geschenkt wird. Die Bundespräsidenten halten sich parteipolitisch zurück, greifen dennoch aktuelle Themen auf und mahnen zuweilen Regierung, Parlament oder Bevölkerung zum Handeln. Während der für Deutschland ungewöhnlich langwierigen Regierungsbildung nach der Bundestagswahl 2017 war es Steinmeier wichtig, Neuwahlen zu verhindern. Ohne seine Intervention wäre die SPD zu diesem Zeitpunkt sonst wohl nicht in eine Große Koalition gegangen.

🌐 **GLOBAL**

Office for Democratic Institutions and Human Rights, Elections of the Federal Parliament Auf Einladung Deutschlands hat die Organisation für Sicherheit und Zusammenarbeit in Europa (OSZE) die Bundestagswahl vom 24. September 2017 beobachtet. Die OSZE-Experten attestierten Deutschland in ihrem Bericht eine sauber durchgeführte Wahl, die nicht durch Manipulationen – etwa durch Hacker – beeinflusst gewesen sei.
→ osce.org

Das Bundesverfassungsgericht in Karlsruhe wacht über das Grundgesetz

Über viel Einfluss verfügt das Bundesverfassungsgericht in Karlsruhe, das in der Öffentlichkeit sehr hohes Ansehen genießt. Es gilt als „Hüterin des Grundgesetzes" und liefert durch seine maßgeblichen Entscheidungen eine verbindliche Auslegung des Verfassungstextes. In zwei Senaten richtet es über Kompetenzstreitigkeiten zwischen Verfassungsorganen und kann Gesetze für unvereinbar mit dem Grundgesetz erklären. Jedem Bundesbürger steht der Weg zum Verfassungsgericht offen, wenn er sich durch ein Gesetz in seinen Grundrechten verletzt sieht. ∎

1969

Mit Willy Brandt kommt erstmals ein Kanzler ins Amt, der nicht der CDU angehört. Die Ostpolitik der aus SPD und FDP gebildeten Regierung schafft einen Rahmen für die Aussöhnung Deutschlands mit seinen östlichen Nachbarn.

1989/90

In der DDR führen friedliche Proteste zum Sturz des Regimes. Am 9. November wird die Grenze zum Westen geöffnet. Nach den ersten freien Wahlen am 18. März tritt die DDR am 3. Oktober 1990 der Bundesrepublik bei.

1999

Bundestag und Bundesregierung ziehen nach Berlin. Die Parlamentsgebäude stehen auf beiden Seiten des ehemaligen Mauerstreifens. Bonn bleibt der Standort einiger Ministerien und Bundesbehörden.

THEMA
AKTIVE POLITIK

„Ein neuer Aufbruch für Europa. Eine neue Dynamik für Deutschland. Ein neuer Zusammenhalt für unser Land" hat sich die Große Koalition als Titel für ihr Regierungsprogramm bis 2021 gewählt. Sie will sich einsetzen für eine Stärkung der Europäischen Union als Garant für Frieden, Sicherheit und Wohlstand. Mit dem Ziel eines ausgeglichenen Haushalts, der seit 2014 erreicht wird, sieht sich die Bundesregierung in der Verantwortung für die Währungsstabilität und will Vorbild sein für seine Partner in der Eurozone. Zugleich zeigt sie Bereitschaft, höhere Beiträge zum EU-Haushalt zu leisten. Gemeinsam mit Frankreich möchte die Bundesregierung die Eurozone stärken und reformieren, damit der Euro globalen Krisen besser standhält. Für Deutschland will sie erreichen, dass die gute wirtschaftliche Lage allen Menschen zugutekommt. Dies soll mehr gesellschaftliche Gerechtigkeit schaffen und das Vertrauen der Menschen in die Handlungsfähigkeit der Politik wieder stärken.

Das Ergebnis der Bundestagswahl 2017 hatte den schon in der vergangenen Legislaturperiode regierenden Volksparteien starke Verluste gebracht. Hohe Stimmenzuwächse verzeichnete dagegen die rechtspopulistische AfD, die erstmals und als größte Oppositionspartei in den Bundestag einzog. Trotz der anhaltend positiven Konjunktur sehen viele Menschen mit Sorge in die Zukunft. Nicht zuletzt daraus zog die Bundesregierung den Schluss, dass sie den sozialen Zusammenhalt im Land fördern und Spaltungen überwinden muss. So will sie gezielt Familien stärken, die Absicherung im Alter und bei Arbeitslosigkeit verbessern, Bildung, Innovationen und Digitalisierung fördern. Ein zentraler Punkt ist die gezieltere Steuerung von Zuwanderung sowie eine bessere Integration von Migrantinnen und Migranten. Das Grundgesetz sichert politisch Verfolgten ein Grundrecht auf Asyl. Deutschland wird weiterhin Menschen in Not helfen, die ein Recht auf Asyl haben. Zugleich verstärkt die Bundesregierung ihre Bemühungen, damit Menschen ohne Bleibeperspektive in Deutschland das Land wieder verlassen. Die Bundesregierung hofft, noch 2018 die Reform

ZAHL

0,0 Euro

betrug das Haushaltsdefizit Deutschlands auf Bundesebene im Jahr 2017. Ausgaben von 325,4 Milliarden Euro standen Einnahmen von 330,4 Milliarden Euro gegenüber. Der Bund nahm 2017 das vierte Jahr in Folge keine neuen Schulden auf. Grund sind vor allem höhere Steuereinnahmen dank der guten Konjunktur.
→ bundeshaushalt-info.de

Der Bundestag in Berlin ist die politische Bühne. Dem 19. Deutschen Bundestag gehören 709 Abgeordnete an

des Gemeinsamen Europäischen Asylsystems abzuschließen.

An Erfolge anknüpfen

Bereits in der vorangegangenen Legislaturperiode beschloss der Bundestag einen erstmals für alle Branchen gültigen Mindestlohn. Er liegt 2018 bei 8,84 Euro je Zeitstunde und wird weiter regelmäßig überprüft. Die Einführung einer Frauenquote bei großen Aktiengesellschaften erfolgte 2016. Seit Ende 2017 erfüllen diese Unternehmen die Vorgabe, dass mindestens 30 Prozent der Aufsichtsratssitze weiblich besetzt werden. Ende 2017 betrug der Anteil von Frauen in den Aufsichtsräten der 200 größten Unternehmen 25 Prozent. Die kontinuierliche Weiterentwicklung der Energiewende, durch die Deutschland seinen Anteil an regenerativen Energien signifikant gesteigert hat, sowie der Ausbau der digitalen Infrastruktur werden als Schwerpunkte weiter verfolgt. ∎

THEMA
VIELFÄLTIGE TEILHABE

Den politischen Parteien wird eine zentrale und privilegierte Stellung im politischen System der Bundesrepublik Deutschland eingeräumt. „Die Parteien wirken bei der politischen Willensbildung des Volkes mit", heißt es in Artikel 21 des Grundgesetzes. Damit einher geht die Verpflichtung zur innerparteilichen Demokratie: Vorsitzende, Gremien und Kandidaten werden auf Parteitagen von Delegierten der Parteibasis in geheimer Abstimmung gewählt. Zur Stärkung der innerparteilichen Demokratie haben die Parteien in jüngster Zeit bei relevanten Entscheidungen ihre Mitglieder direkt befragt. Das Mitgliedervotum der SPD zum Koalitionsvertrag 2018 war entscheidend zur Bildung einer gemeinsamen Bundesregierung mit CDU/CSU. Die Parteien bleiben im Kern Ausdrucksformen der Gesellschaft, gleichwohl verlieren sie an Kohäsionskraft. Hinter CDU/CSU und SPD stehen rund eine Millionen Parteimitglieder – bezogen auf die 61,5 Millionen Wahlberech-

tigten entspricht das einem Anteil von 1,7 Prozent. Auch die Wahlbeteiligung ist tendenziell rückläufig. Während die Wahlentscheidungen der 1970er- und 1980er-Jahre durchgängig hohe und höchste Wahlbeteiligungen erzielten (91,1 Prozent 1972), erreichten die Bundestagswahlen 2013 und 2017 nur 71,5 beziehungsweise 76,2 Prozent.

Für junge Menschen besitzen Partizipationsmöglichkeiten in zivilgesellschaftlichen Initiativgruppen oder Nichtregierungsorganisationen oft eine höhere Attraktivität. Zunehmend gewinnen auch die sozialen Medien als Plattformen für politische Artikulations- und Aktionsformen an Bedeutung. Auch über direktdemokratische Verfahren wie Referenden beteiligen sich die Bürger am politischen Prozess. In Ländern und Kommunen sind die Möglichkeiten zur direkten Demokratie in den vergangenen Jahren vermehrt praktiziert und von Bürgern genutzt worden. ∎

DIAGRAMM

Tendenziell sinkend: Beteiligung an Bundestagswahlen (in Prozent)

Die Stimme des Volkes
In Deutschland wird nach einer leicht modifizierten personalisierten Verhältniswahl gewählt. Jeder Wahlberechtigte hat zwei Stimmen. Die Erststimme gilt dem Kandidaten einer Partei im Wahlkreis, die Zweitstimme der Landesliste einer Partei. Grundlage für die Anzahl der Bundestagsmandate sind die Zweitstimmen.

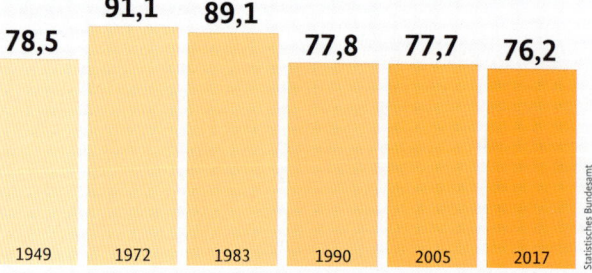

1949	1972	1983	1990	2005	2017
78,5	91,1	89,1	77,8	77,7	76,2

Statistisches Bundesamt

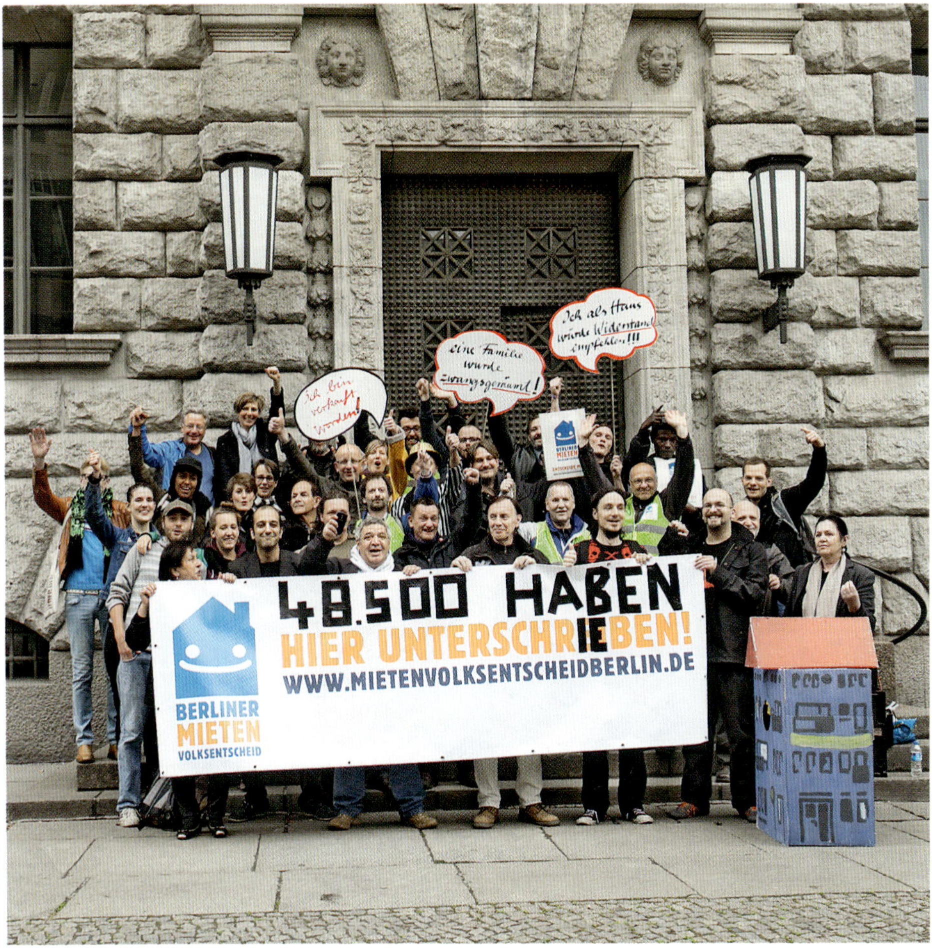
48.500 HABEN
HIER UNTERSCHRIEBEN!
WWW.MIETENVOLKSENTSCHEIDBERLIN.DE
BERLINER MIETEN VOLKSENTSCHEID
Ich bin verkauft worden!
eine Familie wurde zwangsgeräumt!
Ich als Haus würde Widerstand empfehlen!!!

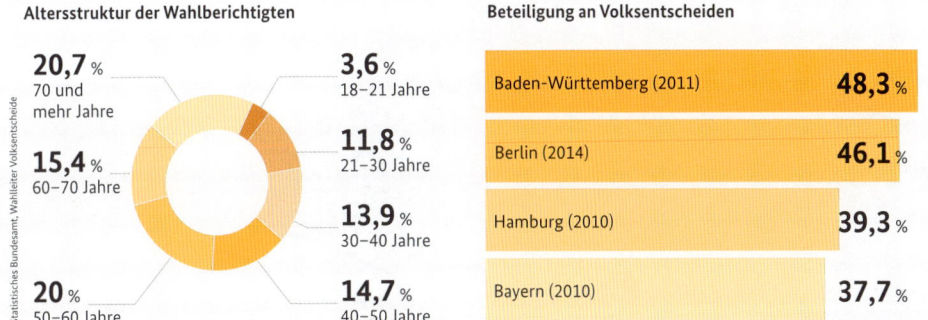

Direktdemokratische Instrumente wie Bürgerentscheide werden auf kommunaler Ebene häufiger praktiziert

Altersstruktur der Wahlberichtigten

20,7 % 70 und mehr Jahre
15,4 % 60–70 Jahre
20 % 50–60 Jahre
3,6 % 18–21 Jahre
11,8 % 21–30 Jahre
13,9 % 30–40 Jahre
14,7 % 40–50 Jahre

Statistisches Bundesamt, Wahlleiter Volksentscheide

Beteiligung an Volksentscheiden

Baden-Württemberg (2011) 48,3 %
Berlin (2014) 46,1 %
Hamburg (2010) 39,3 %
Bayern (2010) 37,7 %

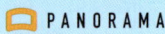

PANORAMA
DAS POLITISCHE BERLIN

❶ Schloss Bellevue
Das Schloss, erbaut Ende des 18. Jahrhunderts, ist seit 1994 erster Amtssitz des deutschen Bundespräsidenten. Es liegt am Rande des Tiergartens in Berlin.

❷ Das Bundeskanzleramt
Der Neubau des Bundeskanzleramts wurde 2001 bezogen. Das Gebäude im Stil der Postmoderne hat eine weitgehend verglaste Außenfläche. Auf dem Ehrenhof steht die Stahlskulptur „Berlin" des baskischen Künstlers Eduardo Chillida.

709
Abgeordnete zählt der 19. Deutsche Bundestag

31 %
der Bundestagsabgeordneten sind Frauen

61.500.000
Wahlberechtigte können an Bundestagswahlen teilnehmen

3.000.000
Menschen besuchen jährlich den Bundestag in Berlin

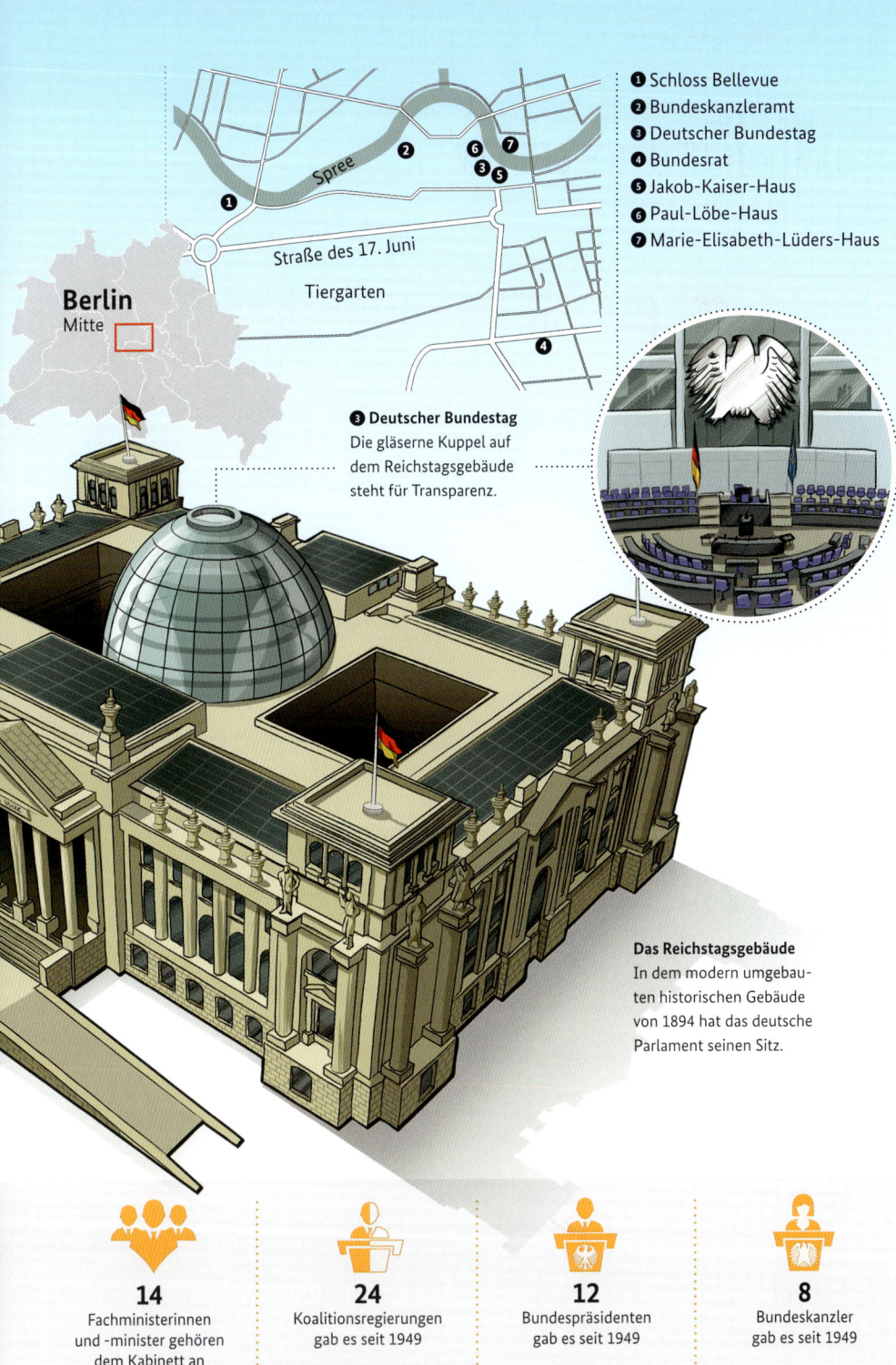

Berlin
Mitte

Spree

Straße des 17. Juni

Tiergarten

❶ Schloss Bellevue
❷ Bundeskanzleramt
❸ Deutscher Bundestag
❹ Bundesrat
❺ Jakob-Kaiser-Haus
❻ Paul-Löbe-Haus
❼ Marie-Elisabeth-Lüders-Haus

❸ Deutscher Bundestag
Die gläserne Kuppel auf
dem Reichstagsgebäude
steht für Transparenz.

Das Reichstagsgebäude
In dem modern umgebau-
ten historischen Gebäude
von 1894 hat das deutsche
Parlament seinen Sitz.

14
Fachministerinnen
und -minister gehören
dem Kabinett an

24
Koalitionsregierungen
gab es seit 1949

12
Bundespräsidenten
gab es seit 1949

8
Bundeskanzler
gab es seit 1949

LEBENDIGE ERINNERUNGSKULTUR

Die Auseinandersetzung mit Krieg und Gewaltherrschaft, mit ideologisch motivierten Verbrechen und politischem Unrecht im 20. Jahrhundert und das Gedenken an die Opfer der Verfolgung spielen in der Erinnerungskultur der Bundesrepublik Deutschland eine wichtige Rolle. Der Erhalt der Berichte von Zeitzeugen gehört dabei zum Kern einer Erinnerungskultur, die darauf ausgerichtet ist, die Verbrechen des Nationalsozialismus auch im Bewusstsein kommender Generationen zu halten.

Zu der lebendigen Erinnerungskultur gehören auch die zahlreichen Gedenk- und Erinnerungsstätten für die unterschiedlichen Opfergruppen in ganz Deutschland. Mitten in Berlin etwa erinnert das Denkmal für die ermordeten Juden Europas an die bis zu sechs Millionen jüdischen Opfer des Holocausts.

Gedenken an Krieg, Widerstand und Diktatur

Im November 2018 erinnert Deutschland an das Ende des Ersten Weltkriegs vor 100 Jahren; 2019 wird der 100. Jahrestag der ersten konstituierenden Sitzung der Nationalversammlung der Weimarer Republik, der ersten deutschen Demokratie, gefeiert. Bereits in den großen Jubiläumsjahren 2014 und 2015, in denen sich der Beginn des Ersten Weltkriegs zum 100. Mal und der Fall der Mauer zum 25. Mal jährte, war das Gedenken vor allem von Dankbarkeit geprägt. Sie galt den Alliierten der Anti-Hitler-Koalition für die Befreiung 1945, aber auch der Chance zum Wiederaufbau und zur Wiedervereinigung 1990. Die Dankbarkeit galt ebenso jenen, die als überlebende Opfer des Holocausts Zeugnis ablegten über die Verbrechen – und dem demokratischen Deutschland nach dem Zweiten Weltkrieg die Hand reichten.

Auch soll die Erinnerung an die kommunistische Diktatur während der Sowjetischen Besatzungszone (SBZ, 1945–1949) und der DDR (1949–1990) für jene Generationen lebendig gehalten werden, die die Teilung Deutschlands und das DDR-System nicht erlebt haben. Wichtig bleibt dafür die Rolle des

---

ⓘ INFO

Stolpersteine In vielen deutschen und anderen europäischen Städten erinnern in den Boden eingelassene sogenannte Stolpersteine daran, dass an dieser Stelle jüdische Bürgerinnen und Bürger gewohnt oder gearbeitet haben, die unter den Nationalsozialisten verfolgt, ermordet, deportiert oder vertrieben wurden. Die etwa 10 mal 10 Zentimeter großen würfelförmigen Betonblöcke sind an ihrer Oberseite mit Messing beschlagen und mit einer Inschrift mit Namen und Lebensdaten zum Gedenken an das Opfer versehen.

→ stolpersteine.eu

KARTE
Gedenk- und Erinnerungsstätten in Deutschland

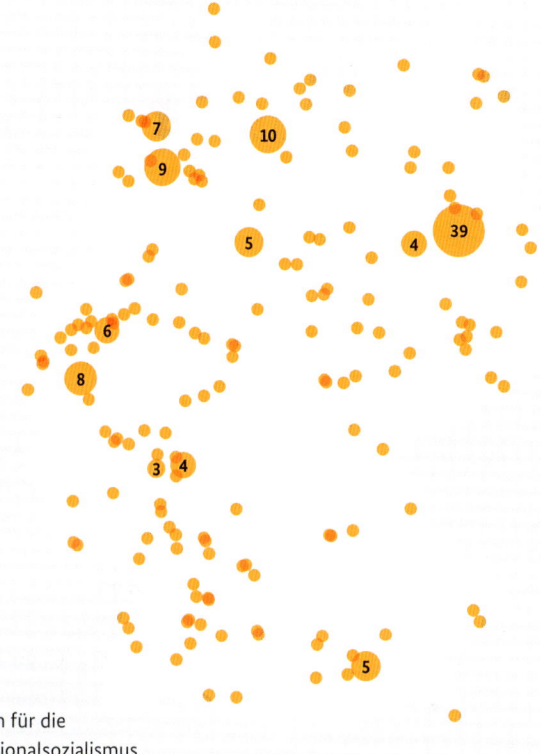

🟠 Gedenkstätten für die
Opfer des Nationalsozialismus

In ganz Deutschland finden sich viele Erinnerungsstätten für die Opfer der NS-Gewaltherrschaft

Bundesbeauftragten für die Unterlagen der Staatssicherheit der DDR, bei dem weiterhin Akten gesichtet, sortiert und Betroffenen und Wissenschaftlern zugänglich gemacht werden. In einer Dauerausstellung in dem Gebäude der ehemaligen Zentrale der Staatssicherheit der DDR (Stasi) in Berlin-Hohenschönhausen werden Mittel und Arbeitsweise der Stasi zur Bespitzelung, Kontrolle und Einschüchterung der Bevölkerung anschaulich dargestellt.

Dem Widerstand gegen die Nazidiktatur gewidmet ist die Gedenkstätte Deutscher Widerstand im Bendlerblock im Berliner Bezirk Mitte. Sie befindet sich am historischen Ort des gescheiterten Umsturzversuches der Gruppe um Graf Stauffenberg vom 20. Juli 1944. Die Gedenkstätte dokumentiert eindrucksvoll, wie sich Einzelne und Gruppen 1933 bis 1945 gegen die nationalsozialistische Diktatur gewehrt und ihre Handlungsspielräume genutzt haben. ■

AUSSENPOLITIK

Zivile Gestaltungsmacht • Engagiert für Frieden und Sicherheit •
Anwalt europäischer Integration • Schutz von Menschenrechten •
Offener Netzwerkpartner • Nachhaltige Entwicklung

EINBLICK
ZIVILE GESTALTUNGSMACHT

Deutschland ist in der internationalen Politik intensiv und vielfältig vernetzt. Das Land unterhält diplomatische Beziehungen zu fast 200 Staaten und ist Mitglied in allen wichtigen multilateralen Organisationen und informellen internationalen Koordinierungsgruppen wie der „Gruppe der Sieben" (G7) und der „Gruppe der Zwanzig" (G20). Außenminister ist seit 2018 Heiko Maas (SPD). Im Auswärtigen Dienst, dessen Zentrale sich in Berlin befindet, arbeiten rund 11.652 Beschäftigte. Insgesamt unterhält Deutschland 227 Auslandsvertretungen.

Das vorrangige Ziel der deutschen Außenpolitik ist der Erhalt von Frieden und Sicherheit in der Welt. Zu den Grundkoordinaten gehört die umfassende Integration in die Strukturen der multilateralen Zusammenarbeit. Konkret bedeutet dies: eine enge Partnerschaft mit Frankreich in der Europäischen Union (EU), die feste Verankerung in der Wertegemein-schaft des transatlantischen Bündnisses mit den USA, das Eintreten für das Existenzrecht Israels, die aktive und engagierte Mitwirkung in den Vereinten Nationen (UN) und im Europarat sowie die Stärkung der europäischen Sicherheitsarchitektur im Rahmen der OSZE.

Gemeinsam mit seinen Partnern setzt sich Deutschland weltweit für Frieden, Sicherheit, Demokratie und Menschenrechte ein. Der von Deutschland vertretene erweiterte Sicherheitsbegriff umfasst neben Fragen der Krisenprävention, Abrüstung und Rüstungskontrolle nachhaltige wirtschaftliche, ökologische und soziale Aspekte. Dazu gehören eine Globalisierung mit Chancen für alle, grenzüberschreitender Umwelt- und Klimaschutz, der Dialog zwischen den Kulturen sowie Offenheit gegenüber Gästen und Einwanderern. Seit dem Ende des Ost-West-Konflikts in den frühen 1990er-Jahren haben sich für die deutsche ▶

VIDEO 📹 AR-APP

Außenpolitik: das Video zum Thema
→ **tued.net/de/vid2**

Die deutsche Außenpolitik ist fest eingebunden in die multilaterale Zusammenarbeit

▸ Außenpolitik Chancen und Herausforderungen eröffnet. Multilateral eingebettet, hat Deutschland die gewachsene Verantwortung, die dem Land nach der Wiedervereinigung 1990 zugefallen ist, angenommen. Deutschland trägt durch vielfache Anstrengungen zur politischen Lösung von Konflikten bei, ebenso zum Erhalt von friedenssichernden Strukturen und zur Krisenprävention innerhalb von UN-mandatierten Friedensmissionen. Um die UN bei der Krisenvorsorge weiter zu unterstützen, habe Deutschland seinen Beitrag zu diesem Bereich verdreifacht, wie Außenminister Maas in einer Rede vor den UN im Frühjahr 2018 erklärte. Da Sicherheit mehr erfordert als militärische Verteidigung, erhöht Deutschland zudem seine Anstrengungen bei der Humanitären Hilfe und in der Auswärtigen Kulturpolitik.

Sein Engagement unterstrich Deutschland mit seiner erfolgreichen Kandidatur für einen nicht-ständigen Sitz im Sicherheitsrat der Vereinten Nationen 2019/2020.

Im Zeitalter der Globalisierung und der Digitalisierung und vor dem Hintergrund einer sich rasch verändernden Welt stehen neben der klassischen Außenpolitik immer häufiger neue Themenfelder auf der Agenda. Dazu gehören zum Beispiel „böswillige Cyberoperationen" oder Versuche, über Propaganda Einfluss auf die öffentliche Meinung zu nehmen. ∎

→ NETZ

Auswärtiges Amt
Termine, Personen, Themen, Kontakte
→ diplo.de

Europäische Union
Portal der Staatengemeinschaft mit Informationen in 24 Sprachen
→ europa.eu

OSZE
Ständige Vertretung der Bundesrepublik Deutschland bei der OSZE
→ osze.diplo.de

Bundesaußenminister Maas im Gespräch mit der EU-Außenbeauftragten Federica Mogherini

AKTEURE & INSTRUMENTE

Diplomatische Vertretungen

Deutschland unterhält diplomatische Beziehungen zu 195 Staaten und ist mit 227 Vertretungen, davon 153 Botschaften, weltweit präsent. Auch bei zwölf internationalen Organisationen hat Deutschland Ständige Vertretungen.
→ **diplo.de**

Multilaterale Organisationen

Deutschland übernimmt Verantwortung in multilateralen Organisationen wie den Vereinten Nationen (UN), der Europäischen Union (EU), dem Nordatlantischen Bündnis (NATO), der Organisation für Sicherheit und Zusammenarbeit in Europa (OSZE), dem Europarat, der Organisation für wirtschaftliche Zusammenarbeit und Entwicklung (OECD), der Welthandelsorganisation (WTO) oder dem Internationalen Währungsfonds (IWF).

Bundeswehr

Die Bundeswehr umfasst nach einer internen Reform rund 180.000 aktive Soldaten, 21.000 von ihnen sind Frauen. 3.700 Angehörige der deutschen Streitkräfte sind 2018 in 14 verschiedenen Krisenmissionen eingesetzt.
→ **bundeswehr.de**

Experten für Konfliktprävention

Das Zentrum für internationale Friedenseinsätze (ZIF) bildet zivile Fachkräfte für Einsätze in Krisenregionen aus und vermittelt Experten.
→ **zif-berlin.org**

Außenpolitische Thinktanks

Bedeutende außen- und sicherheitspolitische Forschungsinstitute sind die Deutsche Gesellschaft für Auswärtige Politik (DGAP), das German Institute of Global and Area Studies (GIGA), die Hessische Stiftung Friedens- und Konfliktforschung (HSFK), das Institut für Friedensforschung und Sicherheitspolitik (IFSH) und die Stiftung Wissenschaft und Politik (SWP).

Politische Stiftungen

Die parteinahen Stiftungen von CDU, CSU, SPD, Die Linke, Bündnis 90/Die Grünen und FDP sind mit eigenen Büros weltweit präsent. Die Stiftungen fördern mit Mitteln aus dem Bundeshaushalt die politische Bildung, die wirtschaftliche Entwicklung und den demokratischen Dialog in den jeweiligen Partnerländern.

 ✚ DIGITAL PLUS

Mehr Informationen zu allen Themen des Kapitels – kommentierte Linklisten und Beiträge; dazu weiterführende Informationen zur Europäischen Union sowie Kurzporträts der multilateralen Organisationen.
→ **tued.net/de/dig2**

THEMA

ENGAGIERT FÜR FRIEDEN UND SICHERHEIT

Diplomatie, Krisenprävention und friedliche Konfliktbeilegung sind die vorrangigen Instrumente der deutschen Außenpolitik: Die Entsendung von Beamten, Richtern, Staatsanwälten, Polizisten, Aufbauhelfern und anderen zivilen Kräften gehört im Rahmen einer umfassenden Sicherheitspolitik ebenso dazu wie die Beteiligung der Bundeswehr an multinationalen Friedensmissionen. Das bestimmende Merkmal der deutschen Außenpolitik, die enge multilaterale Einbindung, gilt auch und besonders für den Einsatz militärischer Mittel. Krisenmanagementeinsätze der Bundeswehr finden immer im Rahmen von Systemen kollektiver Sicherheit oder Verteidigung statt, dies können Internationale Organisationen wie die Vereinten Nationen (UN), die Europäische Union (EU) oder die Nordatlantische Allianz (NATO) sein. Der Einsatz der Bundeswehr im Ausland wird eingebettet in einen breiten politischen Ansatz mit zivilen Komponenten wie politischen, entwicklungspolitischen und sozioökonomischen Maßnahmen. Die Bundesregierung hat hierzu Leitlinien für ihr internationales Engagement in Krisenkontexten entwickelt. Einsätze bewaffneter Streitkräfte unterliegen der parlamentarischen Mandatierung und Kontrolle. Sie bedürfen der Zustimmung durch die Mehrheit der Mitglieder des Deutschen Bundestages. Die Bundeswehr wird daher auch als Parlamentsarmee bezeichnet.

In der NATO ist Deutschland seit der Gründung der Bundeswehr 1955 politisch wie militärisch integriert. Die feste Verankerung in das nordatlantische Verteidigungsbündnis gehört zur „DNA" der deutschen Außenpolitik. Deutschland ist der zweitgrößte Truppensteller in der NATO und beteiligt sich substanziell an NATO-geführten Einsätzen, von Resolute Support Mission (RSM) in Afghanistan bis KFOR in Kosovo. Seit 1992 wurden rund 40 Auslandseinsätze abgeschlossen. Im Frühjahr 2018 beteiligt sich die Bundeswehr mit rund 3.500 Soldaten in 14 Einsätzen. In der Folge der Krise in der Ukraine hat sich die NATO wieder stärker der Kernaufgabe Bündnisverteidigung zugewandt und eine Reihe von Anpassungs- und Rückversicherungsmaßnahmen beschlossen. Deutschland beteiligt sich daran

⦚ LISTE

- Größte deutsche Auslandsvertretung:
  Botschaft Moskau, ca. 300 Mitarbeiter

- Größte Parlamentariergruppe
  im Deutschen Bundestag:
  **Parlamentariergruppe USA,
  80 Abgeordnete**

- Größtes EU-Organ in Deutschland:
  **Europäische Zentralbank (EZB) in
  Frankfurt am Main, 3.380 Mitarbeiter**

- UN-Einrichtungen in Deutschland:
  gesamt 30, davon 19 in Bonn

substanziell: Das Land hat 2015 gemeinsam mit den Niederlanden und Norwegen zum Aufbau der neuen, besonders schnell verlegbaren NATO-Eingreiftruppe (VJTF) beigetragen, die die Reaktionsfähigkeit der Allianz verbessert. 2019 übernimmt die Bundeswehr erneut auf Rotationsbasis als Rahmennation eine führende Rolle in der VJTF. Außerdem trägt Deutschland zum Schutz des Luftraums der baltischen Staaten bei (Air Policing) und fungiert seit 2017 als Rahmennation in Litauen für die verstärkte Vornepräsenz der NATO in den baltischen Staaten und Polen (enhanced Forward Presence – eFP).

Verlässliches und geschätztes Mitglied der Vereinten Nationen

Seit ihrer Aufnahme in die UN 1973 ist die Bundesrepublik ein engagiertes, verlässliches und geschätztes Mitglied der Weltorganisation. 2018 ist Deutschland zum sechsten Mal als nicht-ständiges Mitglied in den UN-Sicherheitsrat gewählt worden. Zum regulären UN-Haushalt trägt Deutschland jährlich rund 161 Millionen US-Dollar, zum Etat der UN-Friedensmissionen etwa 466 Millionen US-Dollar bei. Das sind jeweils 6,4 Prozent des Gesamtbudgets der UN. Damit war Deutschland 2017/2018 der viertgrößte Beitragszahler. Von 2013 bis 2017 hat Deutschland zudem seinen Beitrag für das UN-Flüchtlingskommissariat (UNHCR) verdreifacht. Mit 387 Millionen Euro im Jahr ist Deutschland nach den USA zweitgrößter Geber. Im Frühjahr 2018 beteiligt sich Deutschland an fünf UN-Friedenseinsätzen, unter anderem in Mali und im Libanon. Unter den westlichen Industrieländern gehört Deutschland zu den größten Truppenstellern in UN-Friedenseinsätzen. Auch in Deutschland sind die UN präsent, insbesondere auf dem UN-Campus in Bonn, wo 19 von deutschlandweit 30 UN-Einrichtungen ihren Sitz haben.

Um die internationalen Organisationen bei friedenserhaltenden Missionen noch besser zu unterstützen, professionalisiert Deutschland die Ausbildung und Entsendung von zivilen Krisenhelfern weiter. Das 2002 eingerichtete Zentrum für Internationale Friedenseinsätze (ZIF) verfügt über einen Pool von 1.500 abrufbereiten Experten und soll weiter gestärkt werden. Das ZIF wählt zivile Helfer aus, bereitet sie in Lehrgängen auf Einsätze als Beobachter und Schlichter in Krisengebieten und Postkonfliktländern vor und wertet deren Erfahrungen aus. In Zusammenarbeit mit dem Auswärtigen Amt hat das ZIF seit Bestehen rund 3.000 ehrenamtliche Kurz- und Langzeitwahlbeobachter in Wahlbeobachtungsmissionen entsandt und Projekte in 65 Ländern umgesetzt.

Als weitere zentrale Säule für Frieden und Sicherheit in Europa unterstützt Deutschland die Organisation für Sicherheit und Zusammenarbeit in Europa (OSZE). Die OSZE ist 1995 aus der Konferenz über Sicherheit und Zusammenarbeit in Europa (KSZE) hervorgegangen. Grundlagendokument der OSZE ist die 1975 unterzeichnete Schlussakte von Helsinki, in der unter anderem die Unverletzlichkeit der Grenzen und die friedliche Lösung von Streitigkeiten als Prinzipien der europäischen Sicherheitsordnung vereinbart wurden. ▸

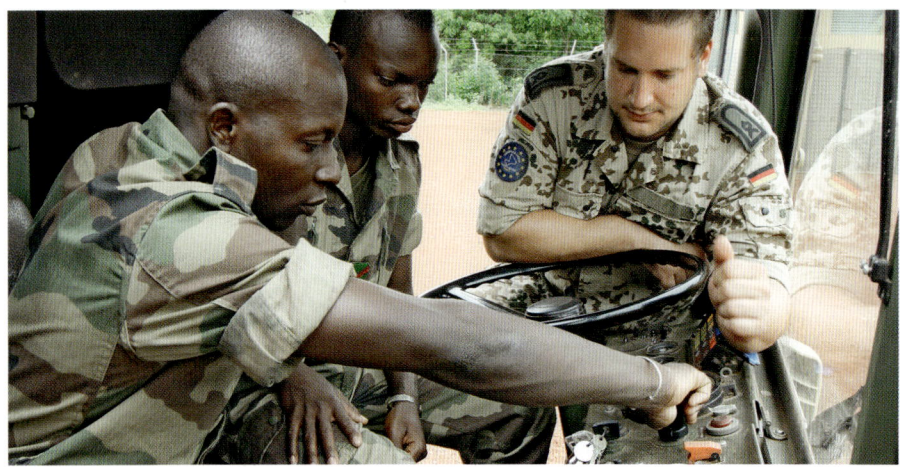

In zahlreichen Missionen, wie etwa bei EUTM (European Training Mission in Mali), ist die Bundeswehr im Auslandseinsatz

▸ **Die OSZE als zentrales Forum**
für Frieden und Sicherheit in Europa

Die Organisation umfasst heute 57 Teilnehmerstaaten aus Europa, Nordamerika und Zentralasien und ist damit die größte regionale Organisation für kollektive Sicherheit weltweit. Zur Prävention von Konflikten und zur Förderung der Demokratisierung unterhält die OSZE in vielen Ländern ständige Missionen und schickt, auch von Deutschland unterstützt, regelmäßig Wahlbeobachter in ihre Teilnahmestaaten. In der Folge der Krise in der Ukraine wurde die Bedeutung der OSZE als wichtiges Instrument für Krisenmanagement und Forum für Dialog und Vertrauensbildung erneut deutlich. Die OSZE unterstützt die Bemühungen um eine Lösung des Konflikts in der Ostukraine unter anderem durch die Moderation politischer Verhandlungen und mittels einer Sonderbeobachtungsmission, die mit rund 650 zivilen Beobachtern im

Konfliktgebiet die Einhaltung der Minsker Abkommen überwachen und den Abzug von Truppen und Waffen verifizieren soll. Unter deutschem OSZE-Vorsitz wurden 2016 vorhandene Verhandlungsformate für weitere Krisenherde (Transnistrien, Bergkarabach) wieder belebt. Zur Wiederherstellung von Vertrauen und zur Stärkung der OSZE als Plattform des sicherheitspolitischen Dialogs wurde beim OSZE-Ministerrat in Hamburg Ende 2016 eine Entscheidung für die Mandatierung eines strukturierten Dialogs zu sicherheitspolitischen Herausforderungen in Europa und deren rüstungskontrollpolitischen Implikationen („From Lisbon to Hamburg") verabschiedet.

Engagement für Abrüstung und
Rüstungskontrolle

Einen wichtigen Beitrag zur weltweiten Sicherheit leistet Deutschland mit seinem Engagement im Bereich der Abrüstung, Rüstungskontrolle und der Nichtverbreitung. Deutschland verfolgt das Ziel einer Welt ohne Atomwaffen. Beispielsweise setzt sich Deutschland für das baldige Inkrafttreten des Atomteststopp-Vertrags ein. Gemeinsam mit den fünf ständigen Mitgliedern des UN-Sicherheitsrates und der Europäischen Union hat Deutschland aktiv dazu beigetragen, dass im Juli 2015 die Wiener Nuklearvereinbarung mit Iran über das iranische Nuklearprogramm geschlossen werden konnte. Deutschland setzt sich weiterhin für die Universalität und Durchsetzung relevanter internationaler Verträge und Abkommen ein, etwa für das Chemiewaffenübereinkommen, das die Norm des Nicht-Einsatzes von Chemiewaffen kodifiziert.

Auch bei rüstungskontrollpolitischen Themen im Zusammenhang mit neuen Technologien, wie etwa autonome Waffensysteme, hat sich Deutschland klar positioniert. Die Bundesregierung lehnt vollautonome Waffensysteme, die die Letztentscheidung der menschlichen Kontrolle entziehen, ab und möchte zu einer weltweiten Ächtung dieser Waffen beitragen. Ein Ziel deutscher Außenpolitik ist auch die weltweite Umsetzung des „Ottawa-Übereinkommens", des zentralen Vertragswerks zur Ächtung von Antipersonenminen.

Deutschland zählte 2017 mit rund 75,7 Millionen Euro für Projekte zur Minenräumung und Versorgung von Minenopfern zu den größten Gebern in diesem Bereich. Auch die Vernichtung von überschüssigen Waffen und Munition sowie die sichere Lagerung von gefährdeten Beständen sind Schwerpunkte der deutschen Politik.

Im OSZE-Raum haben konventionelle Rüstungskontrolle sowie vertrauens- und sicherheitsbildende Maßnahmen große Bedeutung. Deutschland setzt sich für ihre Modernisierung und Anpassung an aktuelle Herausforderungen ein und initiierte 2016 einen Neustart der konventionellen Rüstungskontrolle in Europa. Der auf dem Hamburger OSZE-Ministerrat Ende 2016 ins Leben gerufene „Strukturierte Dialog" wurde 2017 unter deutscher Leitung zu einem bedeutsamen Forum der Sicherheitsarchitektur im OSZE-Rahmen. Er soll dazu beitragen, Bedrohungsperzeptionen zu erörtern, die Sicherheitskooperation wiederzubeleben und die konventionelle Rüstungskontrolle zu stärken. ∎

 **GLOBAL**

Armed Conflict Survey 2017 Die Zahl der Opfer durch Kriege ging 2016 leicht zurück. Das berichtet das Internationale Institut für Strategische Studien (IISS) in London. In 36 bewaffneten Konflikten starben 2016 rund 157.000 Menschen, etwa 10.000 weniger als 2015. Der Krieg in Syrien war der gewalttätigste Konflikt weltweit. 90 Prozent der syrischen Flüchtlinge ließen sich in Nachbarländern nieder. Ende 2016 waren insgesamt 65,6 Millionen Menschen auf der Flucht.
→ iiss.org

THEMA

ANWALT EUROPÄISCHER INTEGRATION

Kein Land in Europa hat mehr Nachbarn als Deutschland. Mit neun Staaten teilt Deutschland seine Grenze, acht davon gehören zur Europäischen Union (EU). Die europäische Integration, eine der eindrucksvollsten politischen Erfolgsgeschichten, bildet für Deutschland die Grundlage für Frieden, Sicherheit und Wohlstand. Ihre weitere Entwicklung und Stärkung, zumal unter komplexen und vielfach krisenhaften Vorzeichen, bleibt die zentrale Aufgabe deutscher Außenpolitik. Das historische Projekt der EU, begonnen in den frühen 1950er-Jahren, umfasst heute über eine halbe Milliarde Unionsbürger in 28 Mitgliedsstaaten. Die deutsche Europapolitik hat sich in allen Etappen der europäischen Einigung als treibende Kraft etabliert und das Zusammenwachsen Europas nach dem Ende des Ost-West-Konflikts aktiv mitgestaltet. Im Rahmen der europäischen Integration wurde der größte gemeinsame Markt der Welt geschaffen, charakterisiert durch die in den Römischen Verträgen (1957) formulierten vier Grundfreiheiten: den freien Warenverkehr unter den EU-Staaten, die Freiheit des Personenverkehrs, die Dienstleistungsfreiheit im EU-Gebiet sowie den freien Kapitalverkehr.

Die Größe und die Wirtschaftsleistung des gemeinsamen europäischen Marktes machen die EU zu einem zentralen Akteur der Weltwirtschaft. Für 2018 erwartet der IWF im Euroraum, dem 19 Länder angehören, ein Wachstum von 2,2 Prozent. Als stärkste Volkswirtschaft der EU trägt Deutschland nicht zuletzt in Phasen wirtschaftlicher und sozialer Veränderungen besondere Verantwortung. Dies zeigte sich während der Finanz- und Schuldenkrise. Die Eurostaaten richteten einen Rettungsfonds ein, den Europäischen Stabilisierungsmechanismus (ESM). In enger Partnerschaft mit Frankreich und den anderen Mitgliedsstaaten will die Bundesregierung die Eurozone weiter stärken und reformieren, sodass der Euro Krisen besser standhält.

Deutsch-französische Freundschaft als Motor der europäischen Einigung

Parallel zur europäischen Integration bauten Frankreich und Deutschland nach dem

ZAHL

512 Mio.

Menschen leben in den 28 Mitgliedsländern der Europäischen Union. Sie hat damit die drittgrößte Bevölkerung nach China und Indien. Ihre Bürger sprechen 24 Sprachen und leben auf einem Gebiet von vier Millionen Quadratkilometern. Das BIP beträgt 15,33 Billionen Euro. Im weltweiten Handel liegt die EU mit einem Anteil von 15,6 Prozent der Exporte und 14,8 Prozent der Importe jeweils auf Platz zwei nach China bzw. den USA.

→ europa.eu

KARTE

Die 28 Mitgliedsstaaten der Europäischen Union auf einen Blick

Finnland

Schweden

Estland

Vereinigtes
Königreich *

Lettland

Dänemark

Litauen

Irland

Niederlande

Belgien

Polen

Deutschland

Luxemburg

Tschechische
Republik

Slowakei

Frankreich

Österreich

Ungarn

Slowenien

Rumänien

Kroatien

Portugal

Spanien

Italien

Bulgarien

Griechenland

Zypern

Malta

*Austritt im März 2019

Der EU ist es seit 1957 in sieben Erweiterungen gelungen, sich von sechs auf 28 Mitglieder zu vergrößern

Zweiten Weltkrieg eine enge Partnerschaft auf, die heute oft als Modell für die Aussöhnung zweier Völker betrachtet wird. Beide Länder gehörten 1957 zu den sechs Gründungsmitgliedern der Europäischen Wirtschaftsgemeinschaft (EWG), dem Kern der heutigen EU. Die deutsch-französische Freundschaft, 1963 begründet mit dem Élysée-Vertrag, wird von engen Beziehungen zwischen den Zivilgesellschaften und von vielen deutsch-französischen Institutionen getragen. Beide Länder stimmen sich in europa- und außenpolitischen Fragen eng ab und tragen durch gemeinsame Initiativen immer wieder zur konstruktiven Weiterentwicklung der europäischen Politik bei.

Ein jüngeres Element des europäischen Einigungsprozesses bildet die deutsch-polnische Zusammenarbeit. Die Aussöhnung mit Polen erreichte mit der Ostpolitik von Bundeskanzler Willy Brandt in den 1970er-Jahren ▶

▶ erste Erfolge. Sie wurde fortgesetzt mit der Anerkennung der gemeinsamen Grenze durch den 2+4-Vertrag über die äußeren Aspekte der deutschen Einheit 1990 sowie dem im gleichen Jahr geschlossenen Grenzvertrag und institutionalisiert in dem deutsch-polnischen Nachbarschaftsvertrag von 1991. Zusammengeführt werden die partnerschaftlichen Beziehungen zu Frankreich und Polen in dem trilateralen Format des „Weimarer Dreiecks".

Mehr globales Gewicht durch ein gemeinsames europäisches Handeln

Mit dem Vertrag von Lissabon wurde 2009 die Gemeinsame Außen- und Sicherheitspolitik (GASP) stärker institutionalisiert. Die Hohe Vertreterin der Union für Außen- und Sicherheitspolitik, die den Vorsitz im Rat der Außenminister führt, ist gleichzeitig Vizepräsidentin der Europäischen Kommission. Seit 2014 hat dieses Amt die italienische Politikerin Federica Mogherini inne. Ihr obliegt in Fragen der GASP zudem die Vertretung der EU nach außen. Bei der Erfüllung ihrer Aufgaben stützt sie sich auf den Europäischen Auswärtigen Dienst (EAD). Durch diese institutionellen Veränderungen hat die EU ihre Sichtbarkeit und Effektivität international deutlich gestärkt. Die Gemeinsame Sicherheits- und Verteidigungspolitik (GSVP) sichert der EU die notwendigen operativen Fähigkeiten zum effektiven Krisenmanagement zu. Dabei kommen zivile und militärische Mittel zum Einsatz. Langfristige Perspektive ist die Schaffung einer Europäischen Sicherheits- und Verteidigungsunion (ESVU).

Der vor allem 2015 und 2016 erfolgte Zustrom von Flüchtlingen und Migranten nach Europa ist ein gesamteuropäisches Thema, bei dem Deutschland mit seinen Partnern nach einer nachhaltigen Antwort sucht. Die „Europäische Migrationsagenda" der EU-Kommission hat mit Maßnahmen wie der EU-Türkei-Erklärung im März 2016, mit Migrationspartnerschaften mit afrikanischen Herkunfts- und Transitländern oder dem Kampf gegen Schleuser bereits konkrete Ergebnisse erreicht: Die Zahl der irregulären Grenzübertritte an wichtigen Migrationsrouten ging ▶

⊓⊓ WEGMARKEN

1957
Der europäische Einigungsprozess beginnt. Mit den Römischen Verträgen gründen Belgien, Deutschland, Frankreich, Italien, Luxemburg und die Niederlande die Europäische Wirtschaftsgemeinschaft (EWG).

1979
Die Europäer gehen gemeinsam zur Wahl. Erstmals werden die Abgeordneten des in Straßburg und Brüssel tagenden Europaparlaments direkt gewählt. Zuvor waren sie von den nationalen Parlamenten entsandt worden.

1993
Europas Einigung wird für die Bürger erlebbar. Im luxemburgischen Schengen vereinbaren Deutschland, Frankreich und die Benelux-Staaten das Ende der internen Grenzkontrollen. Weitere Staaten folgen.

Europäische Partner: Bundeskanzlerin Angela Merkel und Frankreichs Staatspräsident Emmanuel Macron

2017 um 63 Prozent im Vergleich zu 2016 zurück. Die Frage der gerechteren Verteilung von Asylbewerbern in der Europäischen Union bedarf jedoch nach wie vor einer nachhaltigen solidarischen Lösung.

Deutschland setzt sich im Rahmen von Krisenprävention und Humanitärer Hilfe sehr intensiv dafür ein, die Ursachen zu bekämpfen, die Menschen zur Flucht zwingen. Auch Aufklärung spielt eine wichtige Rolle: So informieren das Auswärtige Amt und die Auslandsvertretungen in Krisenregionen über die Gefahren von Flucht und irregulärer Migration. Sie setzen damit gezielt gestreuten Falschinformationen von kriminellen Schleusern Fakten entgegen.

Im zweiten Halbjahr 2020 hat Deutschland turnusgemäß die EU-Ratspräsidentschaft inne und will hier in wichtigen Politikfeldern Akzente setzen. ∎

2002

Europa gibt sich eine Währung. In zunächst zwölf Ländern der EU wird der Euro als Bargeld eingeführt; als Buchgeld gibt es ihn schon seit 1999. Sitz der neu etablierten Europäischen Zentralbank (EZB) ist Frankfurt.

2004

Am 1. Mai treten Estland, Lettland, Litauen, Polen, Tschechien, die Slowakei, Slowenien, Ungarn sowie Malta und Zypern der EU bei. Drei Jahre später folgen Bulgarien und Rumänien, 2013 Kroatien.

2009

Die EU tritt in der Welt gemeinsam auf. Mit dem Lissabon-Vertrag schafft die EU das Amt des Hohen Vertreters für Außen- und Sicherheitspolitik. Auch ein Europäischer Auswärtiger Dienst (EAD) wird eingerichtet.

THEMA
SCHUTZ VON MENSCHENRECHTEN

„Die Würde des Menschen ist unantastbar. Sie zu achten und zu schützen ist Verpflichtung aller staatlichen Gewalt." Dies ist der klare Auftrag des Artikels 1 des Grundgesetzes, in dem sich Deutschland zu „unverletzlichen und unveräußerlichen Menschenrechten" als „Grundlage jeder menschlichen Gemeinschaft, des Friedens und der Gerechtigkeit in der Welt" bekennt. Diese Verpflichtung wird von Deutschland auch in seinen auswärtigen Beziehungen ernst genommen. Schutz und Stärkung von Menschenrechten spielen im außenpolitischen und internationalen Kontext eine besondere Rolle, denn häufig sind systematische Menschenrechtsverletzungen der erste Schritt in Konflikte und Krisen. Gemeinsam mit den Partnern in der EU und in Zusammenarbeit mit den Vereinten Nationen (UN) setzt sich Deutschland weltweit dafür ein, die Menschenrechtsstandards zu schützen und fortzuentwickeln.

Engagement in internationalen Menschenrechtsinstitutionen

Deutschland ist Vertragsstaat der wichtigen Menschenrechtsabkommen der UN und ihrer Zusatzprotokolle (Zivilpakt, Sozialpakt, Anti-Rassismus-Konvention, Frauenrechtskonvention, Anti-Folter-Konvention, Kinderrechtskonvention, Behindertenrechtskonvention, Konvention gegen Verschwindenlassen). Zuletzt wurde von Deutschland das Zusatzprotokoll zum Übereinkommen gegen Folter sowie die Behindertenrechtskonvention unterzeichnet, beide sind seit 2009 in Kraft. Deutschland hat als erster europäischer Staat auch das Zusatzprotokoll zur Kinderrechtskonvention, das ein Individualbeschwerdeverfahren ermöglicht, ratifiziert.

Die Bundesregierung unterstützt den Schutz vor Diskriminierung und Rassismus, engagiert sich weltweit gegen die Todesstrafe, für politische Teilhabe und Rechtsschutz, verteidigt die Religions- und Weltanschauungsfreiheit, kämpft gegen den Menschenhandel und drängt auf die Durchsetzung des Rechts auf Wohnen und des Rechts auf sauberes Trinkwasser und Sanitärversorgung. 2,1 Milliarden Menschen weltweit fehlt der Zugang zu sauberem Wasser. Mit 400 Millionen Euro jährlich trägt Deutsch-

---

ⓘ INFO

Zivilgesellschaft Auch viele Nichtregierungsorganisationen setzen sich für die globale Durchsetzung der Menschenrechte, für entwicklungspolitischen Fortschritt und Humanitäre Hilfe ein. Sie drängen die politisch Verantwortlichen zum Handeln und schärfen das Bewusstsein der Bevölkerung. Sie sind aber auch selbst aktiv, sammeln Spenden und koordinieren eigene Projekte vor Ort. Dem Verband der entwicklungspolitischen und humanitären Nichtregierungsorganisationen (VENRO) gehören rund 120 Organisationen an.
→ venro.org

Der Menschenrechtsrat in Genf ist das wichtigste Menschenrechtsgremium der Vereinten Nationen

land als einer der größten Geber in diesem Bereich in vielen Projekten dazu bei, diese Situation zu ändern. Der Zugang zu Wasser, eines der neueren Menschenrechtsthemen, ist ein wichtiger Schwerpunkt deutscher Entwicklungszusammenarbeit. Allein in Afrika konnte so bis 2017 für 25 Millionen Menschen ein Zugang zur Wasserversorgung geschaffen werden.

Deutschland war von 2013 bis 2015 und 2016 bis 2018 Mitglied des UN-Menschenrechtsrats in Genf, Schweiz. Wichtigstes Instrument des Menschenrechtsrats ist die „allgemeine regelmäßige Überprüfung", bei der jedes UN-Mitglied über die Umsetzung seiner menschenrechtlichen Verpflichtungen berichtet und sich kritischen Fragen stellt. Deutschland durchlief dieses Verfahren 2018 zum dritten Mal.

Deutschland ist eines der aktivsten Länder im Europarat mit seinen 47 Mitgliedsstaaten, der sich für den Schutz und die Förderung ▶

▸ von Menschenrechten, Rechtsstaatlichkeit und Demokratie in ganz Europa einsetzt. Mit wegweisenden Übereinkommen, wie vor allem der Europäischen Menschenrechtskonvention, trägt der Europarat zur Entwicklung eines gemeinsamen europäischen Rechtsraums bei und überwacht die Einhaltung von verbindlichen gemeinsamen Standards und Werten auf dem europäischen Kontinent.

Instrumente der internationalen Menschenrechtspolitik

Eine zentrale Institution des Europarats zur Durchsetzung der Menschenrechte in Europa ist der Europäische Gerichtshof für Menschenrechte (EGMR) in Straßburg, Frankreich. Jeder Bürger der 47 Mitgliedsstaaten des Europarats kann sich unmittelbar mit Klagen gegen eine Verletzung seiner durch die Europäische Menschenrechtskonvention geschützten Rechte an den EGMR wenden. Deutschland tritt nachdrücklich dafür ein, dass alle Mitgliedsstaaten des Europarats sie betreffende Entscheidungen des EGMR akzeptieren und umsetzen. Der Internationale Strafgerichtshof (IStGH) in Den Haag, Niederlande, ist zuständig für die völkerstrafrechtliche Ahndung schwerer internationaler Verbrechen, wie Kriegsverbrechen, Verbrechen gegen die Menschlichkeit oder Völkermord. Deutschland spricht sich für eine universelle Anerkennung des IStGH aus.

Die Beauftragte der Bundesregierung für Menschenrechtspolitik und Humanitäre Hilfe, Bärbel Kofler, ist im Auswärtigen Amt angesiedelt. Sie beobachtet internationale Entwicklungen, koordiniert die Menschenrechtsaktivitäten mit anderen staatlichen Stellen und berät den Bundesaußenminister. Parlamentarisch begleitet und kontrolliert wird die deutsche Menschenrechtspolitik seit 1998 durch den Ausschuss für Menschenrechte und Humanitäre Hilfe des Deutschen Bundestages. Als staatlich finanzierte, aber unabhängige Instanz wurde 2000 das Deutsche Institut für Menschenrechte in Berlin etabliert. Es soll als Nationale Menschenrechtsinstitution im Sinne der Pariser Prinzipien der UN zur Förderung und zum Schutz der Menschenrechte durch Deutschland im In- und Ausland beitragen.

〜 **DIAGRAMM**

Entwicklung und Zusammenarbeit
Deutschland gehört nicht nur zu den wichtigen und großen Geberländern staatlicher Entwicklungszusammenarbeit, sondern ist auch im Bereich der Humanitären Hilfe wichtiger Geber und aktiver Mitgestalter.

Ausgaben für staatliche Entwicklungszusammenarbeit in Mrd. US-$ (2017)

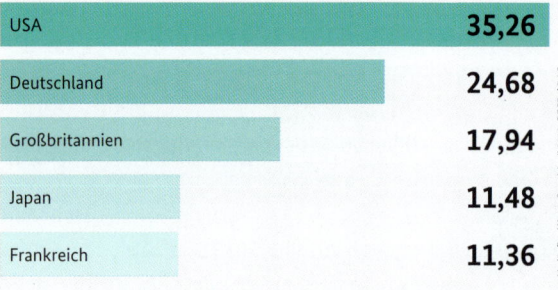

USA	**35,26**
Deutschland	**24,68**
Großbritannien	**17,94**
Japan	**11,48**
Frankreich	**11,36**

Vorläufige Werte, Stand April 2018, OECD / DAC

Humanitäre Hilfe für Menschen in akuter Not

Die Bundesregierung unterstützt durch ihre Humanitäre Hilfe weltweit Menschen, die durch Naturkatastrophen, kriegerische Auseinandersetzungen oder andere Krisen und Konflikte in akute Not geraten sind oder bei denen ein Risiko darauf besteht. Dabei kommt es nicht auf die Ursachen der Notlage an. Humanitäre Hilfe ist Ausdruck ethischer Verantwortung und der Solidarität mit Menschen in Not. Sie orientiert sich am Bedarf der Notleidenden und basiert auf den humanitären Prinzipien der Menschlichkeit, Neutralität, Unparteilichkeit und Unabhängigkeit.

Deutschland übernimmt weltweit Verantwortung für Menschen in Not und setzt sich aktiv für die Stärkung und Weiterentwicklung des internationalen humanitären Systems ein. 2017 stellte die Bundesregierung angesichts kontinuierlich steigender Bedarfe Haushaltsmittel in Höhe von ca. 1,75 Milliarden Euro für die Humanitäre Hilfe zur Verfügung. Sie war damit weltweit zweitgrößter humanitärer Ge-

ber. Die Bundesregierung leistet ihre Humanitäre Hilfe nicht direkt, sondern fördert geeignete Projekte humanitärer UN-Organisationen, der Rotkreuz-/Rothalbmondbewegung und deutscher Nichtregierungsorganisationen. Schwerpunkte der deutschen Hilfe sind vor allem die humanitären Krisen im Nahen Osten und in Afrika. Daneben ist Deutschland langjähriger Unterstützer und zweitgrößter Einzahler des UN-Nothilfefonds CERF und der humanitären UN-Ländergemeinschaftsfonds.

Der Schutz der Menschenrechte ist auch ein wichtiges Handlungsfeld der Cyber-Außenpolitik. 2013 und 2014 verabschiedete die UN-Generalversammlung Resolutionen zum Recht auf Privatheit im digitalen Zeitalter. Sie gingen auf eine deutsch-brasilianische Initiative zurück. Deutschland vertritt die Auffassung, dass Menschenrechte online genauso gelten wie offline. 2018 unterstrich Deutschland sein Engagement für den Schutz der Privatsphäre im digitalen Zeitalter und übernahm den Vorsitz in der Freedom Online Coalition, die sich für die Förderung von Menschenrechten im digitalen Zeitalter einsetzt. ∎

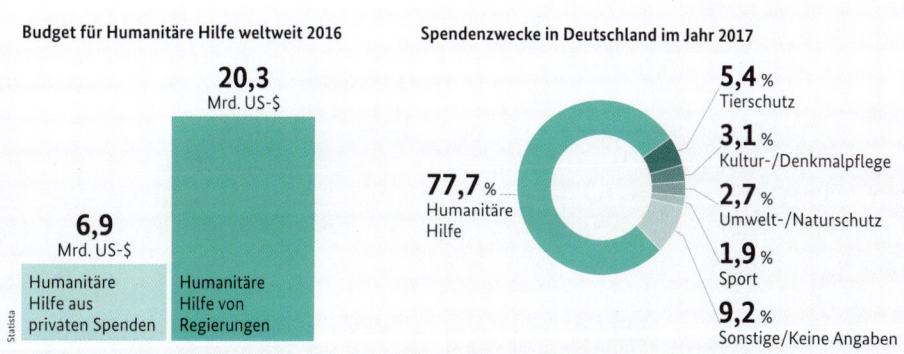

Budget für Humanitäre Hilfe weltweit 2016

20,3 Mrd. US-$

6,9 Mrd. US-$

Humanitäre Hilfe aus privaten Spenden | Humanitäre Hilfe von Regierungen

Statista

Spendenzwecke in Deutschland im Jahr 2017

77,7 % Humanitäre Hilfe

5,4 % Tierschutz

3,1 % Kultur-/Denkmalpflege

2,7 % Umwelt-/Naturschutz

1,9 % Sport

9,2 % Sonstige/Keine Angaben

PANORAMA
OFFENER NETZWERKPARTNER

Brüssel
- NATO
- EU

New York
- Hauptquartier der Vereinten Nationen

Stockholm
- Ostseerat (CBSS)

La Malbaie
- Kanadischer Vorsitz der G7, 2018

Luxemburg
- EU

Wien
- Vereinte Nationen
- OSZE

Washington, D.C.
- Internationaler Währungsfonds (IWF)
- Weltbank

Straßburg
- EU

Paris
- European Space Agency (ESA)
- Organisation für wirtschaftliche Zusammenarbeit und Entwicklung (OECD)

Genf
- Vereinte Nationen
- Welthandelsorganisation (WTO)

Buenos Aires
- Argentinischer Vorsitz der G20, 2018

Nairobi
- Vereinte Nationen

New York
Hauptquartier der Vereinten Nationen

Genf
Sitz der Welthandelsorganisation

IWF
Seit 1952 gehört Deutschland dem Internationalen Währungsfonds an

NATO
Seit 1955 ist Deutschland Mitglied in der Nordatlantikvertrags-Organisation

EU
Deutschland gehört seit der Gründung 1957 zu den Mitgliedern der heutigen EU

UN
Im Jahr 1973 wurde Deutschland Mitglied der Vereinten Nationen

Die Vereinten Nationen (UN) in Deutschland

Berlin
- Internationale Arbeitsorganisation (ILO) – Vertretung in Deutschland
- Internationale Organisation für Migration (IOM) – Deutschland
- Der Hohe Flüchtlingskommissar der Vereinten Nationen (UNHCR) – Regionalvertretung Deutschland und Österreich
- Welternährungsprogramm (WFP) – Verbindungsbüro in Deutschland
- Büro der Weltbank in Berlin
- UNICEF Büro Berlin

Bonn UN-Campus
- Sekretariat des Übereinkommens der Vereinten Nationen zur Bekämpfung der Desertifikation (UNCCD)
- Sekretariat des Rahmenübereinkommens der Vereinten Nationen über Klimaänderungen (UNFCCC)
- Freiwilligenprogramm der Vereinten Nationen (UNV)
- Aktionskampagne für die Ziele der Vereinten Nationen für nachhaltige Entwicklung
- Wissenszentrum für Nachhaltige Entwicklung der Fortbildungsakademie des Systems der Vereinten Nationen
- Internationale Strategie zur Katastrophenvorsorge/Plattform zur Förderung von Frühwarnung (UNISDR)
- Universität der Vereinten Nationen – Vizerektorat in Europa (UNU-ViE)
- sowie 12 weitere UN-Einrichtungen

Dresden
- Universität der Vereinten Nationen – Institut für integriertes Materialfluss- und Ressourcenmanagement (UNU-FLORES)

Frankfurt am Main
- Internationale Finanzkorporation (IFC) – Weltbankgruppe

Hamburg
- Internationaler Seegerichtshof (ISGH)
- UNESCO-Institut für Lebenslanges Lernen (UIL)

München
- Welternährungsprogramm der Vereinten Nationen (WFP) – Innovation Accelerator

Nürnberg
- UNHCR Zweigstelle Nürnberg

Hamburg
Internationaler Seegerichtshof

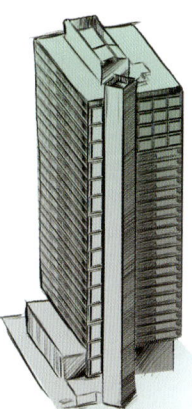

Bonn
Der „Lange Eugen"
auf dem UN-Campus

Straßburg
Europäisches
Parlament

OSZE
Deutschland gehört seit der Gründung 1975 zu den Mitgliedern der heutigen OSZE

G7
Seit der Gründung 1975 gehört Deutschland dem informellen Zusammenschluss an

WTO
Seit 1995 ist Deutschland Mitglied der Welthandelsorganisation

G20
Deutschland ist seit der Gründung 1999 in Berlin Mitglied der Gruppe der 20

THEMA

NACHHALTIGE ENTWICKLUNG

Die deutsche Entwicklungspolitik als Baustein einer globalen Struktur- und Friedenspolitik will dazu beitragen, die Lebensbedingungen in den Partnerländern zu verbessern. Ziel der deutschen Entwicklungspolitik ist es, den Hunger und die Armut weltweit zu überwinden und Demokratie und Rechtsstaatlichkeit zu stärken. Die Leitlinien und Konzepte entwickelt das Bundesministerium für wirtschaftliche Zusammenarbeit und Entwicklung (BMZ). Im Rahmen der staatlichen Entwicklungszusammenarbeit kooperiert Deutschland mit 85 Partnerländern in gemeinsam vereinbarten Länderprogrammen, die alle Instrumente der staatlichen Entwicklungszusammenarbeit umfassen können. Eine Schwerpunktregion ist Afrika, aber auch mit Ländern in Asien, Südosteuropa und Lateinamerika wird intensiv zusammengearbeitet.

2016 erreichte Deutschland erstmals das von den Vereinten Nationen angestrebte Ziel, 0,7 Prozent des Bruttonationalproduktes in die Entwicklungszusammenarbeit zu investieren. Im internationalen Maßstab betrachtet, ist Deutschland mit jährlich 24,68 Milliarden US-Dollar nach den USA der zweitgrößte Geber weltweit für öffentliche Entwicklungszusammenarbeit. Die Projekte werden von Durchführungsorganisationen, in der Regel von der Deutschen Gesellschaft für Internationale Zusammenarbeit (GIZ) und der KfW Bankengruppe, aber auch anderen, in den Ländern betreut.

Die Agenda 2030 für nachhaltige Entwicklung

Maßgeblich für die globale Entwicklung der kommenden Jahre ist die Agenda 2030 für nachhaltige Entwicklung, die 2015 von der Generalversammlung der Vereinten Nationen beschlossen wurde. Kern der Agenda 2030 sind 17 ehrgeizige Ziele für nachhaltige Entwicklung, die sogenannten Sustainable Development Goals (SDGs). Mit der globalen Umsetzung der Agenda kann die Grundlage dafür geschaffen werden, weltweiten wirtschaftlichen Fortschritt im Einklang mit sozialer Gerechtigkeit und im Rahmen der ökologischen Grenzen der Erde zu gestalten. In Verfolgung der von 2000 bis 2015 geltenden Millenniums-Entwicklungsziele (MDG) der UN gelang es bereits, die Armut weltweit zu halbieren und unter anderem den Zugang zu Trinkwasser sowie zu Bildung zu verbessern. Von 2012 bis 2016 ging die Zahl der ärmsten Menschen weltweit von 12,8 Prozent der Weltbevölkerung auf 9,6 Prozent zurück und dies trotz Anpassung der Richtgröße, die absolute Armut definiert, von 1,25 auf 1,90 US-Dollar am Tag. Das große Ziel der Beseitigung der extremen Armut bis 2030 scheint daher möglich. Doch Probleme wie ein zu hoher Ressourcenverbrauch, fortschreitender Klimawandel und Umweltzerstörung, hohe Arbeitslosigkeit und soziale Ungleichheiten bleiben drängend. Die Agenda 2030 gibt Rückenwind für einen weltweiten Wandel zu mehr Nachhaltigkeit – in

Die 2030-Agenda der Vereinten Nationen will in wichtigen Zukunftsfragen nachhaltige Entwicklung voranbringen

der ökonomischen, ökologischen und sozialen Dimension und unter Berücksichtigung bestehender Verknüpfungen. Sie soll ein „Zukunftsvertrag" für die Welt sein, für alle Staaten gelten und weit über die Entwicklungszusammenarbeit hinaus ein breites Spektrum an Politikbereichen angehen: Neben dem Kampf gegen Hunger und Armut soll der Planet als Lebensgrundlage zukünftiger Generationen geschützt werden; Wirtschaftssysteme und Lebensstile sollen gerechter und nachhaltiger sowie effektiver werden, Diskriminierung bekämpft, nicht zuletzt durch Stärkung wirksamer inklusiver und demokratischer Institutionen, verantwortungsvoller Regierungsführung sowie Rechtsstaatlichkeit. Schließlich benötigt der Zukunftsvertrag zur nachhaltigen Absicherung einen sogenannten „Multi-Akteurs"-Ansatz: Neben Regierungen spielen vor allem gesellschaftliche Gruppen, Wirtschaft und Wissenschaft wichtige Rollen bei der Umsetzung der Agenda 2030. ∎

WIRTSCHAFT & INNOVATION

Starker Standort • Globaler Akteur • Leitmärkte und Innovationen •
Nachhaltige Ökonomie • Digitaler Wandel • Geschätzter Handelspartner •
Attraktiver Arbeitsmarkt

EINBLICK

STARKER STANDORT

Deutschland ist die größte Volkswirtschaft der Europäischen Union (EU) und nach den USA, China und Japan die viertgrößte der Welt. Ihre Wettbewerbsfähigkeit und globale Vernetzung verdankt die deutsche Wirtschaft einer starken Innovationskraft und hoher Exportorientierung. In den umsatzstarken Branchen Automobilbau, Maschinen- und Anlagenbau, in der Chemieindustrie sowie in der Medizintechnik macht der Export weit über die Hälfte des Umsatzes aus. 2016 führten nur China und die USA mehr Waren aus. In Forschung und Entwicklung (FuE) investiert Deutschland jährlich 92 Milliarden Euro. Viele Unternehmen sind auf dem Weg zur Industrie 4.0, mit der speziell die Digitalisierung der Fertigungstechnik und der Logistik vorangetrieben wird.

Die positive wirtschaftliche Dynamik hat zu einer günstigen Entwicklung des Arbeitsmarktes geführt. Deutschland gehört zu den Ländern mit der höchsten Beschäftigungsquote in der EU und ist das Land mit der prozentual geringsten Jugendarbeitslosigkeit. Dies untermauert auch den Wert der dualen Berufsausbildung, die sich als Exportgut etabliert hat und von vielen Ländern adaptiert wird. Faktoren wie Verfügbarkeit von Fachkräften, Infrastruktur und Rechtssicherheit sind weitere Merkmale des Standorts Deutschland, der sich in vielen internationalen Rankings auf vorderen Plätzen bewegt. Das Bundesministerium für Wirtschaft und Energie leitet Peter Altmaier (CDU).

Seit 1949 bildet das Modell der Sozialen Marktwirtschaft die Basis der deutschen Wirtschaftspolitik. Die Soziale Marktwirtschaft garantiert freies unternehmerisches Handeln und bemüht sich gleichzeitig um sozialen Ausgleich. Dieses in der Nachkriegszeit vom späteren Bundeskanzler Ludwig Erhard ▶

VIDEO ▣ AR-APP

Wirtschaft & Innovation: das Video zum Thema → **tued.net/de/vid3**

Industrie 4.0: Die Wirtschaft in Deutschland ist auf dem Weg in eine digitalisierte Zukunft

▶ entwickelte Konzept hat Deutschland auf einen erfolgreichen Entwicklungspfad geführt. Deutschland engagiert sich aktiv in der Gestaltung der Globalisierung und setzt sich für ein nachhaltiges globales Wirtschaftssystem ein, das faire Chancen für alle bietet.

Deutschland gehört zu den zwölf Ländern, die 2002 den Euro als Bargeld eingeführt haben. Die Finanzmarktkrise (2008) sowie die nachfolgende Schuldenkrise haben die gesamte Eurozone getroffen – auch Deutschland. Die Bundesregierung hat daraufhin mit einer Doppelstrategie die Neuverschuldung gestoppt und Maßnahmen zur Stärkung der Innovationskraft ergriffen. Erstmals seit 1969 kann seit 2014 ein ausgeglichener Bundeshaushalt präsentiert werden.

Das strukturelle Rückgrat der Wirtschaft bildet mit mehr als 99 Prozent aller Firmen der Mittelstand. Die kleinen und mittleren Unternehmen ergänzen die Konzerne, die vorwiegend im deutschen Börsenindex DAX an der Frankfurter Börse gelistet sind, dem wichtigsten Finanzplatz in Kontinentaleuropa. In Frankfurt am Main hat auch die Europäische Zentralbank (EZB) ihren Sitz, die als EU-Institution unter anderem über die Preisstabilität des Euro wacht. ∎

➔ NETZ

Bundesministerium für Wirtschaft und Energie (BMWi)
Schwerpunkte und Initiativen
→ bmwi.de

Arbeitsagentur
Arbeitsmarktdaten und Stellenbörsen
→ arbeitsagentur.de

Virtuelles Welcome Center
Anlaufstelle für internationale Arbeitsuchende mit Infos zu Arbeiten in Deutschland
→ arbeitsagentur.de

Finanzplatz mit Tradition: Die bedeutendste deutsche Börse hat ihren Sitz in Frankfurt am Main

AKTEURE & INSTRUMENTE

Bundesverband der Deutschen Industrie
Der Bundesverband der Deutschen Industrie
(BDI) vertritt die Interessen von über 100.000
Industrieunternehmen. Er verfügt über ein
weit verzweigtes Netzwerk auf allen wichtigen
Märkten und in internationalen Organisationen.
→ bdi.eu

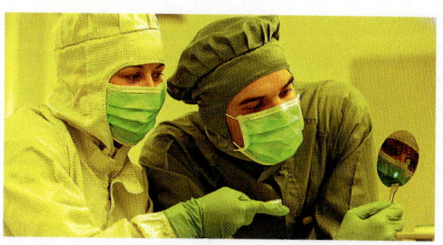

Deutsche Auslandshandelskammern
Die Deutschen Auslandshandelskammern
(AHK), Delegationen und Repräsentanten der
deutsche Wirtschaft bilden ein Netz mit 130
Standorten in 90 Ländern.
→ ahk.de

Deutsche Auslandsvertretungen
Die 227 Botschaften und Konsulate bilden
mit den AHK und GTAI die dritte Säule der
deutschen Außenwirtschaftsförderung.
→ auswaertiges-amt.de

Deutscher Industrie- und Handelskammertag
Der Deutsche Industrie- und Handelskammertag (DIHK) ist die Dachorganisation der
80 deutschen Industrie- und Handelskammern.
Ihnen gehören 3,6 Millionen gewerbliche Unternehmen an.
→ dihk.de

Deutsches Institut für Wirtschaftsforschung
Das DIW in Berlin ist das größte der zahlreichen
deutschen Wirtschaftsforschungsinstitute.
→ diw.de

Germany Trade and Invest
Germany Trade and Invest (GTAI) ist die Wirt-
schaftsförderungsgesellschaft der Bundesrepublik Deutschland. Mit über 50 Standorten
weltweit unterstützt sie deutsche Unternehmen bei ihrem Weg ins Ausland, wirbt für den
Standort Deutschland und begleitet ausländische Unternehmen bei der Ansiedlung in
Deutschland.
→ gtai.de

Rat für nachhaltige Entwicklung
Zu den Aufgaben des von der Bundesregierung
berufenen Rates für Nachhaltige Entwicklung
gehört die Entwicklung von Beiträgen zur Umsetzung der nationalen Nachhaltigkeitsstrategie.
→ nachhaltigkeitsrat.de

 **+** DIGITAL PLUS
Mehr Informationen zu allen Themen
des Kapitels – kommentierte Linklisten
und Beiträge; dazu weiterführende
Informationen zu Themen wie Soziale
Marktwirtschaft, duale Berufsausbildung, Wirtschaftspolitik, europäische Wirtschafts- und Finanzkrise.
→ tued.net/de/dig3

THEMA

GLOBALER AKTEUR

Deutschland ist ein exportorientiertes, international stark verflochtenes Industrieland mit einem ausgeprägten Exportsektor. In den jährlichen Rankings der Welthandelsorganisation (WTO) gehört Deutschland – nach China und den USA – regelmäßig zu den drei größten Exportnationen weltweit. 2017 schloss die Außenhandelsbilanz mit einem Überschuss von 245 Milliarden Euro. Die Ausfuhren deutscher Unternehmen (Waren und Dienstleistungen) lagen bei 1.279 Milliarden Euro, der Wert der Einfuhren bei 1.034 Milliarden Euro. Deutschland ist stark in die Weltwirtschaft integriert und profitiert von Freihandel und offenen Märkten. Der „Global Competitiveness Index 2017-2018" des World Economic Forum führt Deutschland an fünfter Stelle der wettbewerbsfähigsten Länder. 137 Volkswirtschaften wurden untersucht.

Jeder zweite in Deutschland erwirtschaftete Euro wird durch Auslandsgeschäfte verdient;

annähernd jeder vierte Arbeitsplatz hängt vom Export ab, in der Industrie sogar jeder zweite. Über eine Million Unternehmen sind im Außenhandel tätig. 2015 importierten 720.000 Unternehmen Waren aus anderen Ländern, während circa 360.000 Unternehmen Export betrieben. Wesentlichen Anteil am deutschen Außenhandel hatten rund 10.700 Unternehmen mit Sitz im Ausland; der Deutsche Industrie- und Handelskammertag (DIHK) schätzt, dass mehr als 7 Millionen Beschäftigte für deutsche Firmen im Ausland arbeiten.

Auf der Exportseite dominieren Kraftwagen und Kraftwagenteile, Maschinen, chemische Erzeugnisse, Datenverarbeitungsgeräte sowie elektronische Erzeugnisse. Auf diese vier Produktgruppen entfällt gut die Hälfte des deutschen Exports. Insgesamt hat sich die Exportquote seit 1991 von 23,7 Prozent auf 47,3 Prozent nahezu verdoppelt. ▶

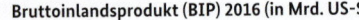

DIAGRAMM

Wirtschaftsleistung
Deutsche Unternehmen genießen international einen ausgezeichneten Ruf. Sie stehen für das weltweit als Qualitätssiegel geschätzte „Made in Germany". Als viertgrößte Wirtschaftsmacht der Welt ist Deutschland besonders exportorientiert.

Bruttoinlandsprodukt (BIP) 2016 (in Mrd. US-$)

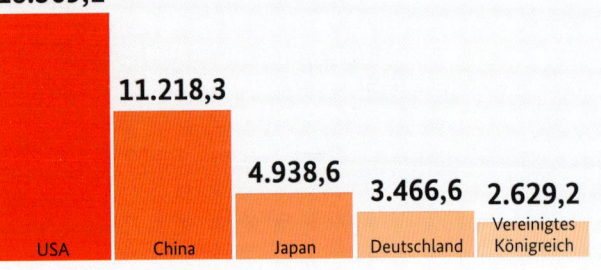

18.569,1 — USA
11.218,3 — China
4.938,6 — Japan
3.466,6 — Deutschland
2.629,2 — Vereinigtes Königreich

Statistisches Bundesamt

Der Container als Symbol der Globalisierung: Der Hamburger Hafen gehört zu den großen Umschlagplätzen

Weltgrößte Handelsnationen 2015 (Anteil am Weltexport)

13,8 % Volksrepublik China

9,1 % USA

8,1 % Deutschland

3,8 % Japan

3,4 % Niederlande

Größte deutsche Unternehmen 2017 (Umsatz, in Mio. €)

Volkswagen	240.480
Daimler AG	169.630
Allianz	118.710
BMW Group	104.220
Siemens AG	88.490
Deutsche Telekom	80.900
Uniper	74.470

WTO, F.A.Z.

▶ Die Außenhandelsquote, die Summe der Im- und Exporte im Verhältnis zum Bruttoinlandsprodukt (BIP), lag 2017 bei 86,9 Prozent. Deutschland ist damit die „offenste" Volkswirtschaft der G7-Staaten. Zum Vergleich: Die USA kamen 2015 auf eine Außenhandelsquote von 28 Prozent.

Die Partnerländer der Europäischen Union (EU) sind mit einem Anteil von 56 Prozent der Gesamtexporte der wichtigste Zielmarkt. Traditionell größtes deutsches Exportland ist Frankreich, seit 2015 stehen allerdings die USA auf Platz eins. Die Volksrepublik China, die Niederlande und das Vereinigte Königreich folgen auf den nächsten Plätzen. Bei den Importen zeigt sich hingegen ein umgekehrtes Bild: Die meisten Einfuhren kamen 2017 aus China, den Niederlanden, Frankreich, den USA und Italien. Kontinuierlich nimmt die Bedeutung von Wirtschafts- und Handelsbeziehungen zu den asiatischen Staaten zu – trotz teilweise sich abschwächender Wachstumsraten. Allein in China sind 5.000 deutsche Unternehmen mit Investitionen vertreten.

Ausdruck der starken Verflechtung in die Weltwirtschaft sind weiterhin die deutschen Direktinvestitionen im Ausland, die sich seit 1990 auf mehr als eine Billion Euro (2015) verfünffacht haben. Ein Fünftel davon war in den Euroraum investiert. Auf der anderen Seite beschäftigen etwa 80.000 ausländische Unternehmen mehr als 3,7 Millionen Mitarbeiter in Deutschland. Der Bestand an ausländischen Direktinvestitionen beläuft sich auf 466 Milliarden Euro.

 **GLOBAL**

OECD-Wirtschaftsausblick In ihrem Wirtschaftsausblick analysiert die Organisation für wirtschaftliche Zusammenarbeit und Entwicklung (OECD) mit Sitz in Paris zweimal jährlich die wichtigsten wirtschaftlichen Trends und die Aussichten in den 34 OECD- und Schwellenländern für die kommenden zwei Jahre. Die Gesamtbeurteilung geht davon aus, dass die Weltwirtschaft 2018 um 3,5 Prozent wächst. Das wäre die höchste seit 2010 verzeichnete Rate. 2019 soll sich das Wachstum wieder abschwächen.
→ oecd.org

Als Drehscheibe des Welthandels gilt das Messewesen. Der Messeplatz Deutschland ist weltweit die Nummer eins bei Organisation und Durchführung internationaler Messen. Von den global wichtigen Branchenevents finden zwei Drittel in Deutschland statt. Zu den rund 150 internationalen Messen und Ausstellungen kommen jedes Jahr 10 Millionen Besucher.

Deutschland ist zugleich Umschlagplatz für europäische und weltweite Güterströme. Durch kein anderes Land der EU werden mehr Güter transportiert. Etwa ein Drittel des Umsatzes der zehn wichtigsten Logistikmärkte in der EU wird in Deutschland erbracht. 3 Millionen Menschen sind mit Logistik befasst. Ein Tor zur Welt ist der Hamburger Hafen, in dem pro Jahr rund 9 Millionen Standardcontainer umgeschlagen werden.

Engagement für fairen und freien Welthandel

Deutschland setzt sich für offene Märkte und einen fairen und freien Handel auf der Grundlage klarer und verlässlicher Regeln ein. Diese Ziele verfolgt Deutschland unter anderem mit den drei Säulen der Außenwirtschaftsförderung: den 227 deutschen Auslandsvertretungen, den Büros der 130 Auslandshandelskammern (AHK), Delegationen und Repräsentanzen der deutschen Wirtschaft in 90 Ländern sowie der Gesellschaft für Außenwirtschaft und Standortmarketing Germany Trade and Invest (GTAI). Sie unterstützen mittelständische Unternehmen gezielt dabei, Auslandsmärkte zu erschließen, und wirken darauf hin, die Rahmenbedingungen zu verbessern.

Bei der Ausgestaltung der Regeln für den internationalen Handel, bei der Regulierung der Finanzmärkte, beim Management von Geld und Währung engagiert sich Deutschland an der Mitgestaltung der Globalisierung. Wegen der gescheiterten multilateralen Verhandlungen (Doha-Runde) liegt ein Hauptaugenmerk auf bilateralen Freihandelsabkommen der Europäischen Union. Das europäisch-kanadische Wirtschafts- und Handelsabkommen Comprehensive Economic and Trade Agreement (CETA) ist 2017 in Kraft getreten, die Verhandlungen über ein Freihandelsabkommen mit Japan sind abgeschlossen; lediglich über den Investitionsschutz steht eine Einigung noch aus. Bereits seit 2011 in Kraft ist das EU-Freihandelsabkommen mit Südkorea, das erste mit einem asiatischen Land. Seither stiegen die Ausfuhren nach Südkorea um jährlich etwa 10 Prozent. 2015 einigten sich die EU und Vietnam auf ein Freihandelsabkommen – es ist das erste Abkommen dieser Art zwischen der EU und einem Entwicklungsland. ∎

Drehscheiben des Weltmarkts: Bis zu 10 Millionen Besucher kommen jährlich zu den großen Messen

THEMA
LEITMÄRKTE UND INNOVATIONEN

Die wirtschaftliche Stärke Deutschlands beruht entscheidend auf der Leistungskraft der Industrie und ihrer Innovationsfähigkeit. Vor allem die Automobilindustrie mit 775.000 Beschäftigten gilt als eine Paradedisziplin des „Made in Germany". Mit ihren sechs starken Marken Volkswagen, BMW, Daimler, den VW-Marken Audi und Porsche sowie Opel (Groupe PSA) gehört die Automobilindustrie zu den Zugpferden der globalen Mobilitätsbranche.

Um diese Wettbewerbsfähigkeit zu sichern, investieren die deutschen Unternehmen Milliardenbeträge in Forschung und Entwicklung (FuE). Elektro-, digitale Vernetzung, assistiertes und autonomes Fahren heißen die Megatrends der automobilen Fortbewegung. Global gesehen, produzierten die deutschen Automobilkonzerne mit ihren hohen Anteilen in den Marktsegmenten der oberen Mittelklasse und der Oberklasse 2017 rund 16,45 Millionen Pkw; zwei von drei Autos deutscher Hersteller wurden im Ausland produziert.

Zu den traditionell starken Branchen der deutschen Wirtschaft gehören neben der Automobilindustrie der Anlagen- und Maschinenbau sowie die Chemieindustrie. Die 1865 gegründete BASF mit Hauptsitz in Ludwigshafen ist mit 115.000 Mitarbeitern an 353 Produktionsstandorten in mehr als 80 Ländern der größte Chemiekonzern der Welt. Zu den Schlüsselbranchen zählen außerdem die Elektrotechnik- und Elektronikindustrie mit Siemens als in 190 Ländern aktiver Global Player, deren Anwendungslösungen – von der Mobilität bis zu Erneuerbaren Energien – als hochinnovativ gelten. Die Bedeutung des Weltmarkts für die großen Branchen zeigt die Tatsache, dass Exportquoten von 60 Prozent und mehr erzielt werden.

Die wichtigsten Wirtschaftszentren in Deutschland sind die großen Metropolregionen wie das Ruhrgebiet, die Großräume München und Stuttgart (Hightech, Automobilbau), Rhein-Neckar (Chemie, IT), Frankfurt am Main (Finanzen), Nürnberg (Industrie, Dienstleistungen), Köln und Hamburg (Hafen, Flugzeugbau, Medien). In den neuen Ländern haben sich kleine, aber leistungsfähige Hochtechnologiezentren gebildet, vor allem die „Leuchtturm-Regionen" Dresden, Jena, Leipzig, Leuna und Berlin-Brandenburg.

Hohes Gewicht auf komplexen industriellen Investitionsgütern

Die Liste der größten deutschen Unternehmen (nach Umsatz 2016) wird angeführt und dominiert von Automobilkonzernen: Volkswagen rangiert auf Platz 1, Daimler und BMW folgen auf Platz 2 und 4. Die Allianz (Versicherung) belegt Platz 3, Siemens (Elektro) Platz 5 vor der Deutschen Telekom und Uniper, einer Abspaltung des Energiekonzerns Eon.

Weltweit erfolgreich: Die deutschen Autobauer gehören zu den großen Akteuren der globalen Mobilitätsbranche

Die Industrie in Deutschland ist spezialisiert auf die Entwicklung und Herstellung komplexer Güter, vor allem auf Investitionsgüter und innovative Produktionstechnologien. Innerhalb Deutschlands hat die Industrie im Vergleich zu anderen Volkswirtschaften ein deutlich höheres Gewicht. Insgesamt arbeiten 7,27 Millionen Menschen in der Industrie und dem verarbeitenden Gewerbe. Nur in Südkorea ist der Anteil des verarbeitenden Gewerbes an der Bruttowertschöpfung höher.

Als Triebfeder der wirtschaftlichen Stärke Deutschlands gilt die Innovationsfähigkeit der Wirtschaft. Hier zeigt die Intensivierung der FuE-Anstrengungen seit 2007 positive Entwicklungen. Sowohl die Wirtschaft als auch der öffentliche Sektor trugen dazu bei; die Hightech-Strategie der Bundesregierung setzte hier entscheidende Impulse. Insgesamt wurden 2016 in Deutschland 92 Milliarden Euro für FuE aufgewendet, das entspricht einem Anteil von 2,93 Prozent am Bruttoin- ▶

▶ landsprodukt (BIP). Unter vergleichbaren OECD-Ländern rangiert Deutschland damit auf der fünften Position – noch vor den USA und weit vor Frankreich und Großbritannien. Unter den großen Wettbewerberländern weisen nur Südkorea und Japan eine noch höhere FuE-Intensität auf. Deutschland gilt auch als Europameister im Erfinden. 2016 reichten deutsche Unternehmen beim Europäischen Patentamt in München rund 32.000 Anträge auf Patentschutz ein. Beim Deutschen Patent- und Markenamt (DPMA) wurden in demselben Jahr 67.898 Erfindungen angemeldet – ein neuer Rekordwert. Am aktivsten waren der Automobilzulieferer Bosch mit 3.693 Anmeldungen und die ebenfalls im Automobilzulieferbereich tätige Schaeffler-Gruppe (2.316). Insgesamt waren 2016 exakt 129.511 deutsche Patente in Kraft. Einschließlich der vom Europäischen Patentamt erteilten Patente waren 2016 insgesamt 615.404 Patente in Deutschland gültig.

Der Industriestandort Deutschland ist ohne die stetig wachsende Dienstleistungswirtschaft kaum noch denkbar. Gut 80 Prozent aller Unternehmen sind in diesem Sektor tätig, sie realisieren nahezu 70 Prozent des Bruttoinlandsprodukts und stellen drei Viertel der Arbeitsplätze. Von den rund 30 Millionen Beschäftigten sind 12 Millionen bei öffentlichen und sonstigen privaten Dienstleistern, knapp 10 Millionen in Handel, Gastgewerbe und Verkehr und mehr als 5 Millionen bei Unternehmensdienstleistern tätig.

Der Mittelstand ist das Herzstück der Wirtschaft

Trotz zahlreicher Global Player und großer wirtschaftlicher Flaggschiffe sind 3,6 Millionen kleine und mittlere Unternehmen sowie Selbstständige und Freiberufler charakteristisch für die Struktur der Wirtschaft. 99,6 Prozent der Unternehmen gehören dem Mittelstand an. Als mittelständisch gelten Firmen mit einem Jahresumsatz von unter 50 Millionen Euro und mit weniger als 500 Beschäftigten. Im Mittelstand sind auch zahlreiche gründungsfreudige Zuwanderer mit eigenen Unternehmen angekommen. Mehr als 700.000 Menschen mit Migrationshinter-

WEGMARKEN

1955
Der einmillionste VW-Käfer läuft am 5. August in Wolfsburg vom Band. Das Auto wird zum Sinnbild und zum absoluten Verkaufsschlager des sogenannten Wirtschaftswunders.

1969
In Toulouse (Frankreich) wird als deutsch-französisches Gemeinschaftsprojekt das Airbus-Konsortium gegründet. Heute ist Airbus S.A.S. der zweitgrößte Flugzeughersteller der Welt.

1989
Mit der Postreform I beginnt die Privatisierung der riesigen Behörde Deutsche Bundespost. Die Privatisierung gilt als eine der größten Reformen der deutschen Wirtschaftsgeschichte.

grund besitzen ein Unternehmen. Migrantinnen und Migranten in Deutschland bilden damit einen wichtigen Wirtschaftsfaktor.

Laut Studien der KfW Bankengruppe ist der Anteil innovativer Unternehmen insgesamt rückläufig – nur 22 Prozent der kleinen und mittleren Firmen investieren in innovative Produkte und Prozesse. Die Innovationsanstrengungen leisten vor allem wenige große Mittelständler. In zahlreichen Nischen-Marktsegmenten sind deutsche Mittelständler häufig „Hidden Champions", Europa- oder Weltmarktführer mit hochinnovativen Produkten. Fest etabliert im Wirtschaftsgefüge hat sich unterdessen die Kreativwirtschaft. Sie spielt, häufig in kleinen, unterkapitalisierten Unternehmen, eine Vorreiterrolle auf dem Weg in eine digitale und wissensbasierte Ökonomie und gilt als signifikante Quelle für Innovationsideen. Ein internationaler Hotspot der „Creative Industries" und Start-ups ist Berlin-Brandenburg mit mehr als 30.000 Unternehmen.

Die Wirtschaft steht an der Schwelle zur vierten industriellen Revolution, einem Systembruch. Durch das Internet getrieben, wachsen reale und virtuelle Welt zu einem „Internet der Dinge" zusammen. Ziel der Bundesregierung ist die Unterstützung von Wirtschaft und Wissenschaft bei der Entwicklung und Umsetzung von Industrie 4.0, um Deutschland als einen Leitanbieter für diese Technologien und zukünftigen Produktionsstandort zu positionieren. ∎

🅐 **I N F O**

Unternehmenssteuer Seit Mitte der 1990er-Jahre besteht international ein Trend zu sinkenden Unternehmenssteuersätzen. Auch Deutschland ist schon lange kein Hochsteuerland mehr. Im internationalen Vergleich ist die Belastung durch Steuern und Abgaben sogar eher unterdurchschnittlich. Die durchschnittliche steuerliche Gesamtbelastung für Unternehmen beträgt weniger als 30 Prozent. In einigen Regionen Deutschlands liegt sie, bedingt durch den lokal variablen Gewerbesteuersatz, unter 23 Prozent.
→ **gtai.de**

1990

Die Treuhandanstalt hat die Aufgabe, binnen weniger Jahre die ehemals sozialistische DDR-Planwirtschaft mit vielen tausend volkseigenen Betrieben in eine Marktwirtschaft umzuwandeln.

2002

Von 1948 bis 1998 ist die D-Mark als Buchgeld, bis 2001 als Bargeld die offizielle Währung. Am 1. Januar 2002 wird sie abgelöst. In Deutschland und elf anderen EU-Ländern kommt der Euro.

2018

Im Januar 2018 erreichte der Deutsche Aktienindex DAX sein bisheriges Allzeithoch von 13.595 Punkten. Er spiegelt die Entwicklung der 30 größten und umsatzstärksten deutschen Unternehmen wider.

THEMA
NACHHALTIGE ÖKONOMIE

Deutschland gehört zu den nachhaltigsten Industriestaaten der Welt. Dies ist das Ergebnis einer internationalen Vergleichsuntersuchung der 34 OECD-Mitgliedsländer. Vor dem Hintergrund der 17 Nachhaltigkeitsziele der Vereinten Nationen wurden die Länder erstmals systematisch anhand von 34 Indikatoren von Umweltschutz über Wachstum bis hin zur Qualität der Sozialsysteme untersucht. Deutschland kommt auf Platz sechs, punktet vor allem bei Wachstum, Beschäftigung und sozialer Absicherung.

Dennoch ist auch Deutschland in einigen Bereichen noch weit von einem nachhaltigen Leben, nachhaltigem Wirtschaften und einem nachhaltigen Umgang mit den natürlichen Ressourcen entfernt. Daher hat die Bundesregierung ihre Nachhaltigkeitsstrategie 2017 umfassend weiterentwickelt und an den 17 sogenannten Sustainable Development Goals (SDGs) der Vereinten Nationen ausgerichtet. Die neue Strategie sieht drei Ebenen vor: Maßnahmen mit Wirkung in Deutschland, Maßnahmen durch Deutschland mit weltweiten Auswirkungen und die direkte Unterstützung anderer Länder durch bilaterale Zusammenarbeit.

Eine wachsende Zahl von Unternehmen in Deutschland bekennt sich bereits zu ihrer gesellschaftlichen Verantwortung, als Teil des nachhaltigen Wirtschaftens. „Corporate Social Responsibility" (CSR) betrifft vor allem das Kerngeschäft der Unternehmen, das durch die Globalisierung ökonomische, soziale und Umweltzustände beeinflusst. Der 1999 gegründeten Global Compact Initiative der Vereinten Nationen sind inzwischen die meisten DAX-Konzerne beigetreten – zudem kleine und mittelständische Unternehmen, Institute und Nichtregierungsorganisationen. Der Global Compact der Vereinten Nationen, die OECD-Leitsätze für multinationale Unternehmen und die dreigliedrige Grundsatzerklärung der Internationalen Arbeitsorganisation (ILO) über multinationale Unternehmen und Sozialpolitik bilden die Grundsätze für die gesellschaftliche Verantwortungsübernahme von Unternehmen. Weltweit sind über 9.500 Firmen aus über 160 Ländern Mitglied des freiwilligen Global Compact.

☰ LISTE

• Größtes Unternehmen
  Volkswagen, 642.300 Beschäftigte

• Größte Bank
  Deutsche Bank, 97.535 Beschäftigte

• Wichtigster Börsenindex
  Deutscher Aktienindex (DAX)

• Größtes Messegelände
  Hannover

• Größter Flugzeugbauer
  Airbus-Hamburg

Würdiges Arbeiten: Immer mehr deutsche Unternehmen legen Wert auf faire Standards in globalen Lieferketten

Dass gesellschaftliche und ökologische Verantwortung zusammengehören, wird auch im „Bündnis für nachhaltige Textilien" deutlich, das in beiderlei Hinsicht Verbesserungen für die Beschäftigten in der Textil- und Bekleidungsindustrie erreichen will. 150 deutsche Textilhersteller haben sich der 2014 gegründeten Initiative des Bundesministeriums für wirtschaftliche Entwicklung und Zusammenarbeit (BMZ) angeschlossen. Die Mitglieder decken rund 50 Prozent des deutschen Textilmarktes ab; erklärtes Ziel sind 75 Prozent. Seit den tödlichen Unfällen in den Textilfabriken in Bangladesch und Pakistan wurden schon erhebliche Verbesserungen für alle Beteiligten umgesetzt. Ab 2018 gibt das Bündnis konkrete Vorgaben für alle Mitglieder, die sicherstellen sollen, dass die ambitionierten Ziele erreicht werden. Mit dem Bündnis dokumentiert Deutschland seine Vorreiterrolle für die internationalen Bemühungen auf dem Weg zu fairen Standards in den globalen Lieferketten. ∎

THEMA

DIGITALER WANDEL

Die Wirtschaft befindet sich mitten in der vierten industriellen Revolution. Durch das Internet getrieben, wachsen in einem digitalen Transformationsprozess reale und virtuelle Welt zu einem Internet der Dinge zusammen. Die Digitalisierung stellt für Industrie und Dienstleistungswirtschaft eine historische Zäsur dar. Unter dem Oberbegriff Industrie 4.0 werden Lösungen, Prozesse und Technologien zusammengefasst, die einen hohen Einsatz von IT und einen intensiven Vernetzungsgrad der Systeme in den Fabriken beschreiben. Viele deutsche Unternehmen setzen auf Industrie 4.0, mit der speziell die Digitalisierung der Fertigungstechnik und der Logistik vorangetrieben wird. Insge-

samt erwartet die Wirtschaft, dass sich der internationale Wettbewerb um die Technologieführerschaft in der Produktion weiter verschärft. Die Bundesregierung fördert und gestaltet den digitalen Wandel aktiv und hat im Koalitionsvertrag sieben anspruchsvolle Ziele formuliert, allen voran den Aufbau einer flächendeckenden digitalen Infrastruktur von „Weltklasse".

Deutschland soll zum Leitanbieter für die Industrie 4.0 und zum digitalen Wachstumsland Nummer eins in Europa werden. Studien schätzen in Positivszenarien ein zusätzliches Wachstumspotenzial durch Industrie 4.0 zwischen 200 und 425 Milliarden Euro bis 2025. Dem Informations- und Telekommunikationssektor (IKT) als Querschnittstechnologie kommt dabei eine Schlüsselrolle zu. 2017 stieg die Branche zum größten industriellen Arbeitgeber auf. Über eine Million Beschäftigte erwirtschaften einen Umsatz von 160 Milliarden Euro. Ein Treiber war die Software-Branche.

Der Ausbau der digitalen Infrastruktur gilt als eine der wichtigsten Aufgaben bei der Digitalisierung. Ziel ist ein flächendeckender Ausbau mit Gigabit-Netzen: Bis zum Jahr 2025 sollen Glasfaseranschlüsse in jeder Region, in jeder Gemeinde, möglichst direkt bis zum Haus gelegt sein. Dafür ist eine gemeinsame Kraftanstrengung von Telekommunikationsanbietern und Staat erfor-

ZAHL

714

Internetdienstanbieter und andere Organisationen sind am DE-CIX angebunden. Der Internet-Knoten in Frankfurt am Main ist, gemessen am Datendurchsatz, der größte der Welt. 2017 erreichte dieser Wert erstmals die Marke von 6 Terabit pro Sekunde. DE-CIX unterhält neben dem Standort Frankfurt weitere Internetknoten in Europa, dem Nahen Osten, Nordamerika und Indien.

→ de-cix.net

Immer online: Der Ausbau der digitalen Infrastruktur gehört zu den wichtigsten Projekten der Bundesregierung

derlich. Die Bundesregierung stellt dafür in dieser Legislaturperiode bis zu 12 Milliarden Euro zur Verfügung.

Eine Schlüsselrolle auf dem Weg zum „Digitalland" fällt der kommenden Mobilfunkgeneration 5G zu. Bis 2020 werden allein in Deutschland rund 770 Millionen Geräte vernetzt sein – neben Smartphones und Tablets auch Fahrzeuge, Haushalts-geräte und Industriemaschinen. Das stellt hohe Anforderungen vor allem an die mobilen Verbindungen. Die Bundesregierung will Deutschland zum Leitmarkt für 5G entwickeln. In fünf Regionen soll die Technologie getestet werden, um die Entwicklung zu beschleunigen und eine flächendeckende, lückenlose Versorgung sicherzustellen. Der kommerzielle Start wird ab 2020 erwartet. ■

PANORAMA
GESCHÄTZTER HANDELSPARTNER

Die wichtigsten Exportgüter nach Warenguppen (2017)

18,3 %	14,4 %	9,0 %	8,6 %	6,5 %
Kraftwagen & Kraftwagenteile	Maschinen	Chemische Erzeugnisse	Datenverarbeitungsgeräte	Elektrische Ausrüstungen

Deutschlands Waren-Exporte
nach Regionen (2017)

Die Länder Europas sind Deutschlands
wichtigste Absatzmärkte. 68 Prozent
der deutschen Exporte gehen dorthin.
Außerhalb Europas sind die USA mit 8,7
Prozent und China mit 6,7 Prozent führend.

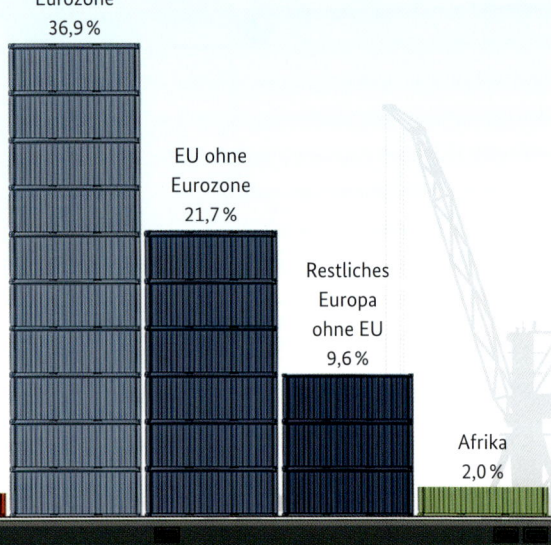

Eurozone
36,9 %

EU ohne
Eurozone
21,7 %

Restliches
Europa
ohne EU
9,6 %

Australien
Ozeanien
0,9 %

Afrika
2,0 %

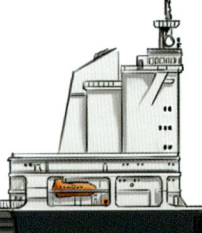

1.279 Mrd. Euro	1.034 Mrd. Euro	50 %	25 %
Wert der exportierten Waren	Wert der importierten Waren	Exportquote	Exportabhängige Arbeitsplätze

Die 25 größten Exportmärkte in Prozent (2017)

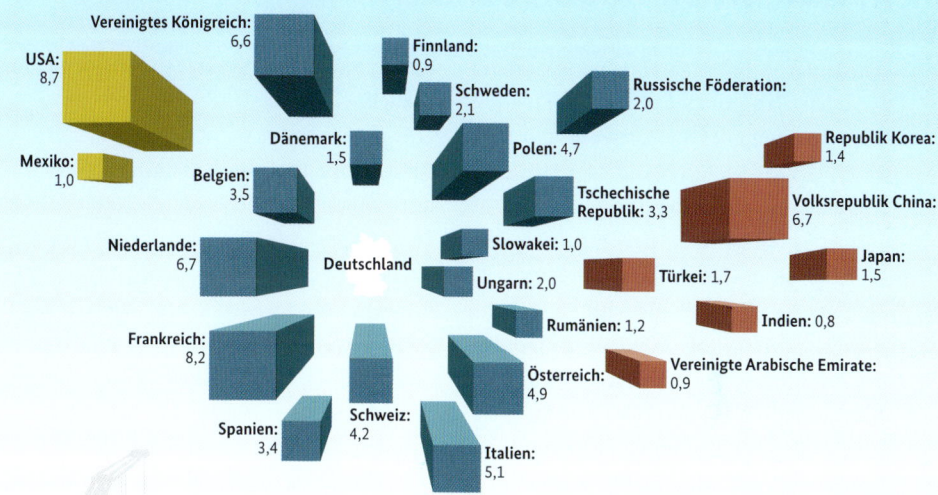

USA: 8,7
Vereinigtes Königreich: 6,6
Finnland: 0,9
Schweden: 2,1
Russische Föderation: 2,0
Republik Korea: 1,4
Mexiko: 1,0
Dänemark: 1,5
Polen: 4,7
Volksrepublik China: 6,7
Belgien: 3,5
Tschechische Republik: 3,3
Japan: 1,5
Niederlande: 6,7
Deutschland
Slowakei: 1,0
Ungarn: 2,0
Türkei: 1,7
Frankreich: 8,2
Rumänien: 1,2
Indien: 0,8
Österreich: 4,9
Vereinigte Arabische Emirate: 0,9
Spanien: 3,4
Schweiz: 4,2
Italien: 5,1

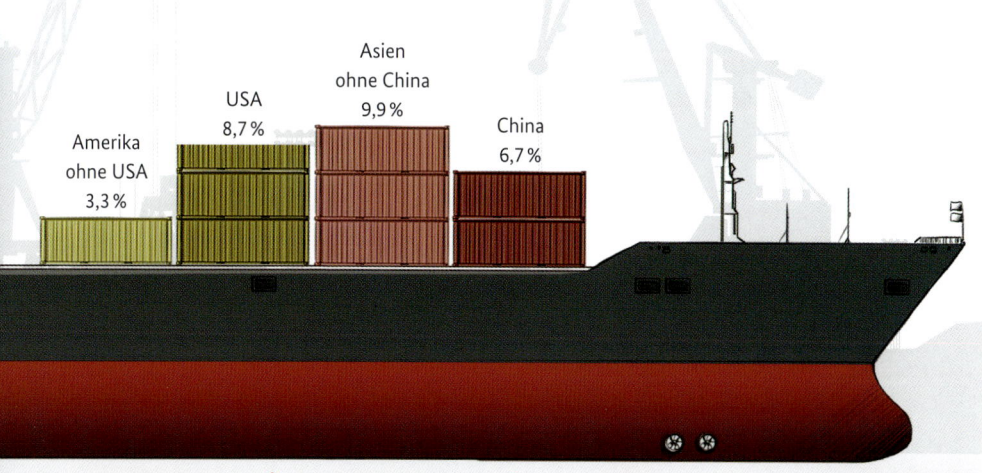

Amerika ohne USA
3,3 %

USA
8,7 %

Asien ohne China
9,9 %

China
6,7 %

5,7 Mio.
National produzierte Pkw deutscher Hersteller (in Deutschland)

10,0 Mio.
Weltweit produzierte Pkw deutscher Hersteller (im Ausland)

150
Leitmessen in Deutschland

288
Auslandsmessebeteiligungen

THEMA
ATTRAKTIVER ARBEITSMARKT

Der deutsche Arbeitsmarkt hat in den vergangenen Jahren eine günstige Entwicklung genommen. Im Jahresdurchschnitt waren 2017 in Deutschland 44,3 Millionen Menschen erwerbstätig. Die hohe Beschäftigung ist Ausdruck der guten ökonomischen Lage. Deutschland gehört zu den EU-Ländern mit der niedrigsten Arbeitslosigkeit. 2017 lag die Arbeitslosenquote im Durchschnitt bei 5,7 Prozent und damit auf dem tiefsten Wert seit 1990. Die Entwicklung wird getragen von einer breiten Konjunktur. Die Nachfrage der Betriebe nach neuen Mitarbeitern steigt weiter. Wie schon in den Vorjahren hat 2017 vor allem die sozialversicherungspflichtige Beschäftigung stark zugenommen. Geringfügige Beschäftigung und Selbstständigkeit gingen weiter zurück.

Die geringe Jugendarbeitslosigkeit hat international den Blick auf die erfolgreiche duale Berufsausbildung gelenkt, die sich von der rein schulischen Ausbildung unterscheidet, die in den meisten Ländern den Einstieg in das Berufsleben darstellt. Etwa die Hälfte der Jugendlichen in Deutschland erlernen nach der Schule einen der 350 staatlich anerkannten Ausbildungsberufe im dualen System. Der praktische Teil wird an drei bis vier Wochentagen im Betrieb gelernt; an ein bis zwei Tagen erfolgt die fachtheoretische Ausbildung in der Berufsschule. Viele Länder adaptieren zurzeit das System der dualen Berufsausbildung.

Ⓐ INFO

Make it in Germany –
Das offizielle Onlineportal für internationale Fachkräfte begleitet Zuwanderungsinteressierte von der Einreise bis zur Jobsuche. Experten beraten auch individuell über Visa, Berufsanerkennung und das Leben in Deutschland – per E-Mail, Hotline oder Chat. Außerdem informiert das Portal über die Vorteile einer Ausbildung oder eines Studiums in Deutschland auf Deutsch, Englisch, Französisch und Spanisch.
→ make-it-in-germany.com

Zur Schaffung eines modernen, gerechten und transparenten Arbeitsmarktes hat die Bundesregierung zahlreiche arbeitsmarktpolitische Vorhaben realisiert. Seit Anfang 2015 gilt ein gesetzlicher Mindestlohn. Die Frauenquote wiederum soll zu einer gleichen Teilhabe von Männern und Frauen in Führungspositionen führen. Börsennotierte und voll mitbestimmungspflichtige Unternehmen müssen seit 2016 für alle Aufsichtsratsposten eine Frauenquote von 30 Prozent einhalten. Das „Tarifeinheitsgesetz" garantiert hingegen, dass in einem Betrieb für gleiche Tätigkeiten nicht verschiedene Tarifverträge gelten. Und: Wer über 45 ver-

Duale Berufsausbildung: Das deutsche Modell, das Theorie und Praxis verbindet, wird in vielen Ländern adaptiert

sicherungspflichtige Beitragsjahre nachweist, kann mit dem vollendeten 63. Lebensjahr seit dem 1. Juli 2014 abschlagsfrei in Rente gehen.

Die Bundesregierung strebt die Vollbeschäftigung an. Angesichts des demografischen Wandels ist allerdings auch die Sicherung der Fachkräftebasis eine der vordringlichsten Aufgaben. Ein zentrales Projekt hinsichtlich der Öffnung des Arbeitsmarktes ist „Make it in Germany", ein mehrsprachiges Internetportal für internationale Fachkräfte. Es informiert zuwanderungsinteressierte Fachkräfte über ihre Karrierechancen und enthält aktuelle Jobangebote in Engpassberufen (Gesundheits- und Ingenieurberufe, IT-Bereich). Hochschulabsolventen und Fachkräfte erhalten mit der „Blauen Karte EU" zudem einen unkomplizierten Zugang zum deutschen Arbeitsmarkt. ∎

UMWELT & KLIMA

Vorreiter in der Klimapolitik • Impulsgeber für Klimakooperationen •
Generationenprojekt Energiewende • Zukunftsbranche Greentech • Erneuerbare Energien •
Lebenswichtige Vielfalt

EINBLICK
VORREITER IN DER KLIMAPOLITIK

Das 21. Jahrhundert gilt als „Jahrhundert der Umwelt". Das bedeutet: In den nächsten Jahrzehnten entscheidet sich, wie stark sich die natürlichen Lebensbedingungen künftiger Generationen auf der Erde verändern. Als Hauptgefahr gilt vor allem ein beschleunigter Klimawandel. Umwelt- und Klimaschutz genießen in Deutschland seit Langem einen hohen Stellenwert. Deutschland ist international ein Vorreiter beim Klimaschutz und Pionier beim Ausbau der Erneuerbaren Energien.

Mit dem als Energiewende bezeichneten Umbau des Energiesektors lässt Deutschland das fossil-nukleare Energiezeitalter hinter sich und begibt sich auf den Weg in eine nachhaltige Energiezukunft. Dazu gehört der sukzessive Ausstieg aus der Atomkraft bis zum Jahr 2022. Bis 2030 will Deutschland zudem seinen Ausstoß von Treibhausgasen um 55 Prozent gegenüber 1990 senken, bis 2040 sind mindestens 70 Prozent angestrebt, bis 2050 sollen 80 bis 95 Prozent erreicht werden. Im November 2016 hat die Bundesregierung als einer der ersten Staaten weltweit im „Klimaschutzplan 2050" entsprechende klimapolitische Grundsätze und Ziele festgelegt. Bis 2017 ist eine Minderung um 28 Prozent erreicht worden.

Auch im globalen Rahmen engagiert sich die Bundesregierung für Umweltschutz, Zusammenarbeit in Energiefragen und klimafreundliche Entwicklung. Deutschland setzt sich gemäß dem Pariser Klimaschutzabkommen von 2015 dafür ein, die Erderwärmung auf deutlich unter zwei Grad Celsius und möglichst auf 1,5 Grad Celsius zu begrenzen. Spätestens in der zweiten Hälfte des Jahrhunderts soll weltweit eine weitgehende Treibhausgasneutralität erreicht sein. Dazu ist eine Verringerung des Kohlendioxid-Ausstoßes in den Industrieländern um 80 bis 95 Prozent nötig. Die vollständige „Dekar- ▶

VIDEO ▶ AR-APP

Umwelt & Klima: das Video zum Thema
→ **tued.net/de/vid4**

Der Weg ins Zeitalter der Erneuerbaren Energien ist unumkehrbar

▶ bonisierung" soll im Laufe des Jahrhunderts erreicht werden. Das UN-Sekretariat, das die Umsetzung der Klima-Rahmenkonvention überwacht, hat seinen Sitz in der Bundesstadt Bonn.

Eine intakte Umwelt – reine Luft, saubere Gewässer, vielfältige Natur – ist Voraussetzung für eine hohe Lebensqualität. Der Umweltschutz ist seit 1994 als Staatsziel im Grundgesetz verankert. Bei Luft- und Gewässerqualität belegen die Indikatoren seit Jahren eine deutliche Verbesserung. Der Ausstoß von Schadstoffen wie Schwefeldioxid und Stickoxiden ist stark zurückgegangen – wenn auch noch nicht ausreichend. Spürbar gesunken ist auch der Pro-Kopf-Verbrauch von Trinkwasser – von in der Spitze über 140 auf rund 120 Liter pro Tag.

Deutschland verfolgt die Strategie, Wirtschaftswachstum und Umweltschutz im Sinne eines nachhaltigen Wirtschaftens zusammenzuführen. Zentrale Stellhebel dafür sind neben dem Ausbau der Erneuerbaren Energien die

Steigerung der Energie- und Ressourceneffizienz sowie die intelligente Nutzung nachwachsender Rohstoffe. Es ist eine Strategie mit doppelter Dividende. Denn einerseits sinkt die Umwelt- und Klimabelastung, während andererseits neue Geschäftsfelder und Arbeitsplätze entstehen.   ■

 NETZ

UNFCCC
UN-Sekretariat des Rahmenübereinkommens über Klimaänderungen
→ unfccc.int

BMU
Bundesministerium für Umwelt,
Naturschutz und nukleare Sicherheit
→ bmu.de

BUND
Bund für Umwelt- und Naturschutz
Deutschland
→ bund.net

Windkraft und Solarstrom sind in Deutschland die wichtigsten und günstigsten Lieferanten von Erneuerbarer Energie

AKTEURE & INSTRUMENTE

Umweltbundesamt

Die dem Bundesumweltministerium unterstellte Behörde unterstützt die Bundesregierung mit wissenschaftlicher Expertise. Das Umweltbundesamt ist zuständig für den Vollzug von Umweltgesetzen, etwa bei der Zulassung von Chemikalien, Arznei- und Pflanzenschutzmitteln, sowie für die Information der Öffentlichkeit zum Umweltschutz.

→ **umweltbundesamt.de**

Deutsche Energie-Agentur

Die Deutsche Energie-Agentur (DENA) ist ein Kompetenzzentrum für Energieeffizienz, Erneuerbare Energien und Energiesysteme. Sie unterstützt die Umsetzung der Energiewende und setzt sich dafür ein, Energie so effizient, sicher, preiswert und klimaschonend wie möglich zu erzeugen und zu nutzen.

→ **dena.de**

Agora Energiewende

Der Thinktank Agora Energiewende versteht sich als Forum für den Dialog mit den energiepolitischen Akteuren.

→ **agora-energiewende.org**

Potsdam-Institut für Klimafolgenforschung

Das Potsdam-Institut für Klimafolgenforschung untersucht relevante Fragestellungen in den Bereichen Globaler Wandel, Klimawirkung und nachhaltige Entwicklung.

→ **pik-potsdam.de**

Deutsche Gesellschaft für Internationale Zusammenarbeit

Die Deutsche Gesellschaft für Internationale Zusammenarbeit (GIZ) ist ein weltweit tätiges Bundesunternehmen. Sie unterstützt die Bundesregierung bei der Verwirklichung ihrer entwicklungspolitischen Ziele. Sie berät Entwicklungs- und Schwellenländer in Fragen des Klimaschutzes sowie bei der gerechten und nachhaltigen Nutzung der Ressource Wasser.

→ **giz.de**

Bundesamt für Naturschutz

Das Bundesamt für Naturschutz (BfN) ist für den nationalen und internationalen Naturschutz zuständig. Das BfN bietet auf seiner Website gute Karten zu Schutzgebieten.

→ **bfn.de**

 **＋ DIGITAL PLUS**

Mehr Informationen zu allen Themen des Kapitels – kommentierte Linklisten und Beiträge; dazu weiterführende Begriffe wie Klimarahmenkonvention, Treibhausgas-Emmission, Erneuerbare-Energien-Gesetz und Klimaschutzziele der EU.

→ **tued.net/de/dig4**

THEMA
IMPULSGEBER FÜR KLIMAKOOPERATIONEN

Deutschland hat im internationalen Kontext maßgeblichen Anteil daran, dass das Thema Klimaschutz prominent auf der Agenda steht. Die Bundesregierung war bereits Impulsgeber beim Erdgipfel 1992 in Rio de Janeiro und für das Kyoto-Protokoll 1997. Der große Durchbruch gelang allerdings erst mit dem Pariser Klimaabkommen 2015, 195 Länder einigten sich erstmals auf ein allgemeines, rechtsverbindliches weltweites Klimaschutzabkommen. Ziel ist es, den weltweiten Anstieg der Durchschnittstemperatur zu stoppen und möglichst auf 1,5 Grad Celsius zu begrenzen. Um dieses Ziel zu erreichen, verpflichten sich die Staaten, ihren Treibhausgasausstoß zu verringern oder gering zu halten. Dafür setzen sie sich nationale Ziele, die regelmäßig überprüft werden sollen. Wie das geschehen kann, war Thema der Weltklimakonferenz 2017 in Bonn. Die Europäische Union (EU) steht an der Spitze der internationalen Bemühungen um ein weltweites Klimaschutz-

abkommen. Sie strebt eine Senkung der Emissionen um mindestens 40 Prozent bis 2030 an. Zentrales Instrument ist der EU-Emissionshandel, der den Kohlendioxid-Ausstoß von rund 11.000 großen Industrie- und Kraftwerksunternehmen regelt. Er wurde 2018 reformiert, um seine Wirksamkeit zu erhöhen.

Deutschland treibt zudem aktiv Klimakooperationen mit anderen Ländern voran und unterstützt zum Beispiel Partnerländer im Rahmen der 2016 gegründeten NDC-Partnerschaft dabei, ihre nationalen Klimaschutzziele (Nationally Determined Contributions, NDCs) zu erreichen. Diese NDCs bilden das Herzstück des Pariser Klimaabkommens.

Deutschlands Vorreiterrolle in der Klimaforschung wird von Arbeiten an Universitäten und Instituten wie dem Potsdam-Institut für Klimafolgenforschung und dem Wuppertal Institut für Klima, Umwelt, Energie gestützt. ∎

▐▐ WEGMARKEN

1976
Das deutsche Forschungsministerium beschließt den Bau einer 100 Meter hohen Großwindanlage (Growian) in Norddeutschland. Doch das erste Experiment mit der Windenergie scheitert. 1988 wird Growian abgerissen.

1987
Im Kaiser-Wilhelm-Koog an der schleswig-holsteinischen Westküste geht der erste deutsche Windpark in Betrieb. 32 Windkraftanlagen verwandeln fortan Nordseewind in elektrischen Strom.

1991
Das Stromeinspeisungsgesetz regelt die Verpflichtung der Stromunternehmen, elektrische Energie aus regenerativen Umwandlungsprozessen abnehmen und zu festgelegten Tarifen vergüten zu müssen.

Das Klimasekretariat der Vereinten Nationen in Bonn überwacht das Klimarahmenabkommen

2000

Das Erneuerbare-Energien-Gesetz (EEG) tritt in Kraft. Darin wird, unter anderem, der Vorrang für Strom aus Erneuerbaren Energien bei Einspeisung und Netzanschluss gesetzlich verankert. Das EEG wird zum Meilenstein.

2011

Nach dem Reaktorunfall von Fukushima verabschiedet das Kabinett energiepolitische Eckpunkte, um bis zum Jahre 2022 schrittweise aus der Kernenergie auszusteigen und eine umweltfreundliche Versorgung zu sichern.

2017

Die deutsche Automobilindustrie investiert verstärkt in Elektromobilität. Bis 2020 werden 40 Milliarden Euro für Forschung und Entwicklung aufgewendet. Die Zahl der Elektromodelle wird sich von 30 auf 100 verdreifachen.

THEMA

GENERATIONENPROJEKT ENERGIEWENDE

Die Energiewende ist die wichtigste wirt-schafts- und umweltpolitische Aufgabe in Deutschland. Als Energiewende wird der Umbau der deutschen Energieversorgung weg von Öl, Kohle, Gas und Atomkraft hin zu Erneuerbaren Energien bezeichnet. Bis spä-testens 2050 sollen mindestens 80 Prozent der Stromversorgung und 60 Prozent der ge-samten Energieversorgung in Deutschland aus Erneuerbaren Energien stammen. Als nächster Schritt werden bis zum Jahre 2022 sukzessive alle Atomkraftwerke abgeschal-tet. Seit 2017 sind nur noch sieben Atom-kraftwerke am Netz, die gut 10 Prozent zum Strommix beitragen. Die Bundesregierung setzt damit den nachhaltigen Umbau des Energiesystems fort, der bereits im Jahr 2000

mit dem ersten Beschluss zum Atomausstieg und der Förderung des Erneuerbare-Ener-gien-Gesetzes einsetzte. Die Förderung der Erneuerbaren Energien begann in Deutsch-land schon in den 1990er-Jahren; im Jahr 2000 wurde sie dann mit dem Erneuerba-re-Energien-Gesetz (EEG) fest verankert.

Langfristig geplanter Ausstieg aus der Atomenergie

Ebenfalls im Jahr 2000 vereinbarte die da-malige Bundesregierung mit den deutschen Energieunternehmen den Atomausstieg bis zum Jahr 2022. Die Beschlüsse zur Energie-wende der Bundesregierung im Jahr 2011 stehen somit in einer Tradition des Umbaus der Energieversorgung hin zu nachhaltigen Energiequellen. Den 2011 nach der Atomka-tastrophe im japanischen Fukushima von den im Deutschen Bundestag vertretenen Parteien beschlossene und von einer großen Bevölkerungsmehrheit nachdrücklich be-fürwortete beschleunigte Umbau des Ener-giesystems sieht sie als „notwendigen Schritt auf dem Weg in eine Industriegesell-schaft, die dem Gedanken der Nachhaltig-keit und der Bewahrung der Schöpfung ver-pflichtet ist".

Jedoch nicht nur Umwelt und Klima sollen von der Energiewende profitieren, sondern auch die deutsche Volkswirtschaft – vor allem die Abhängigkeit von den internatio-

≡ LISTE

- Größter Onshore-Windpark:
  Stößen-Teuchern in Sachsen-Anhalt

- Größter Offshore-Windpark:
  alpha ventus in der Nordsee

- Leistungsstärkster Windgenerator:
  SG 8.0-167 DD von Siemens

- Größter Solarpark:
  Solarkomplex Senftenberg

- Größte Strombörse: **European Energy Exchange (EEX) in Leipzig**

Offshore-Windparks in der Nordsee sind tragende Säulen der Energiewende

nalen Erdöl- und Erdgas-Importen soll verringert werden. Deutschland gibt bislang jährlich rund 45 Milliarden Euro für die Einfuhr von Kohle, Erdöl und Erdgas aus. Diese Summe soll in den kommenden Jahren durch heimische Wertschöpfung im Bereich der Erneuerbaren Energien schrittweise ersetzt werden; zudem ergeben sich durch diese Maßnahmen zusätzliche Exportchancen und die Aussicht auf mehr Arbeitsplätze.

Eine weitere zentrale Aufgabe besteht darin, die „zweite Säule" der Energiewende zu stärken – die sparsamere, effizientere Nutzung der Energie. In der Industrie und in großen Gewerbebetrieben sind bereits signifikante Einsparungen erreicht worden, die Standards sind hoch. Nachholbedarf gibt es weiterhin bei kleineren Unternehmen und auch in öffentlichen Liegenschaften. Vor allem der energetischen Sanierung von Altbauten ▶

▶ kommt bei der Steigerung der Energieeffizienz eine besondere Bedeutung zu. Sie wird von der Bundesregierung gefördert. Im Gebäudebereich entstehen rund 40 Prozent des Kohlendioxid-Ausstoßes. Auch den Stromverbrauch gilt es weiterhin zu senken: Bis zum ursprünglich im Energiekonzept formulierten Ziel, einer Reduktion um 10 Prozent bis 2020, sind weitere Anstrengungen notwendig.

Die Energiewende zielt nicht nur auf Risikominimierung, sondern auch auf Klimaverträglichkeit und höhere Versorgungssicherheit. Durch den dynamischen Ausbau der Erneuerbaren Energien konnte der Anteil der kohlendioxidfreien Energie im Strommix deutlich gesteigert werden. Ökostrom hatte 2017 einen Anteil von 33,1 Prozent. Je nach Wetterlage können Solar- und Windkraftanlagen in der Spitze bis zu 90 Prozent des Strombedarfs in Deutschland decken. Über 60 Prozent aller neuen Wohngebäude werden bereits mit Erneuerbaren Energien beheizt. Ende 2017 waren 1,6 Millionen Photovoltaik-

anlagen mit einer Nennleistung von circa 43 Gigawatt installiert. Mit dieser installierten Leistung liegt Deutschland auf Platz drei hinter China und Japan.

Das Erneuerbare-Energien-Gesetz als internationales Vorbild

Das erfolgreiche und in vielen Ländern als Vorbild gesehene Fördergesetz, das Erneuerbare-Energien-Gesetz (EEG), wurde 2014 novelliert. Ziel war es dabei, die Bezahlbarkeit und Versorgungssicherheit für die Bürger und die Wirtschaft sicherzustellen. Hintergrund: Die sogenannte EEG-Umlage – sie legt die erhöhten Kosten des Ökostromausbaus anteilig auf die Verbraucher um – war durch den starken Ausbau der Solarstromanlagen und eine veränderte Berechnungsweise nach 2009 deutlich gestiegen. Dies löste eine öffentliche Diskussion über die Kosten des Ökostroms und der Energiewende aus. 2015 sank diese Umlage erstmals wieder. Die Bundesregierung arbeitet zudem an einem neuen Strommarktdesign, das die Stabilität der Ver-

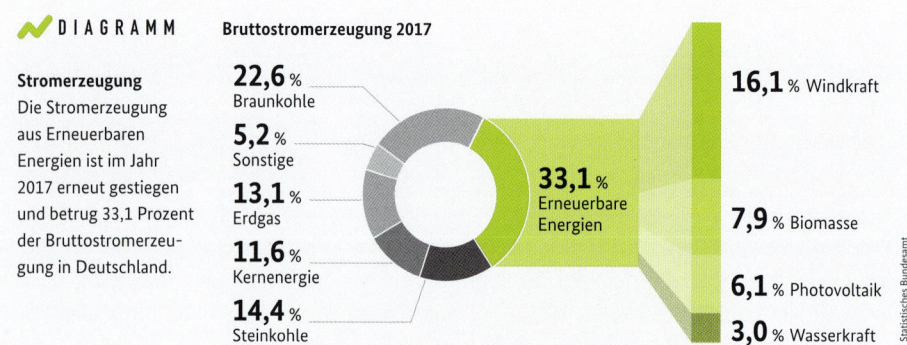

DIAGRAMM   Bruttostromerzeugung 2017

Stromerzeugung
Die Stromerzeugung aus Erneuerbaren Energien ist im Jahr 2017 erneut gestiegen und betrug 33,1 Prozent der Bruttostromerzeugung in Deutschland.

22,6 % Braunkohle

5,2 % Sonstige

13,1 % Erdgas

11,6 % Kernenergie

14,4 % Steinkohle

33,1 % Erneuerbare Energien

16,1 % Windkraft

7,9 % Biomasse

6,1 % Photovoltaik

3,0 % Wasserkraft

Statistisches Bundesamt

sorgung trotz stark steigender Mengen fluktuierenden Wind- und Solarstroms sicherstellt. Hier kommt es unter anderem darauf an, die Verfügbarkeit von flexibel einsetzbaren Gaskraftwerken zu sichern, die deutlich weniger Kohlendioxid ausstoßen als Kohlekraftwerke.

Die Energiewende erfordert nicht nur den Aufbau neuer, „grüner" Kraftwerke. Für eine sichere Versorgung müssen sich Stromnetze der veränderten Struktur der Stromerzeugung anpassen. Dafür sind mehrere hundert Kilometer „Stromautobahnen" geplant. Strom aus Windkraft, der hauptsächlich in Norddeutschland gewonnen wird, kann so über größere Strecken ohne große Verluste in die wirtschaftsstarken Verbrauchszentren im Süden gelangen. Die ursprüngliche Planung, die Leitungen überirdisch zu bauen, wurde auf Grund von Bürgerprotesten verworfen. 2015 beschloss die Bundesregierung, die Leitungen unteririsch zu verlegen. Nicht mehr 2022, wie ursprünglich geplant, sondern frühestens 2025 sollen die großen Tras-

sen in Betrieb gehen. Darüber hinaus müssen die regionalen Netze weiter ausgebaut werden, um den dezentral eingespeisten Solarstrom aufzunehmen. ∎

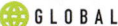 **GLOBAL**

Klimastudie 800 Wissenschaftler aus 80 Ländern arbeiten für den IPCC (Intergovernmental Panel on Climate Change), den Klimarat der Vereinten Nationen. Im Frühjahr 2015 hat die Sachverständigengruppe den Synthesebericht des Fünften IPCC-Sachstandsberichts herausgegeben. Treibhausgasemissionen, heißt es in dem Bericht, seien die Hauptursache des Klimawandels. Um die Erderwärmung auf zwei Grad zu begrenzen, seien drastische Schritte nötig.
→ ipcc.ch

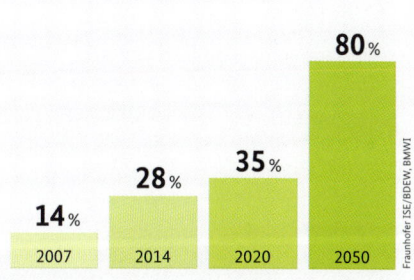

Kohlendioxid-Emissionen 2015/Anteile weltweit

Deutschland	**2,0**%
Japan	**4,0**%
Russische Föderation	**5,0**%
Indien	**6,0**%
Vereinigte Staaten	**15,0**%
China	**28,0**%

IEA

Anteil des Stroms in Deutschland aus regenerativen Energiequellen (tw. Prognose)

2007	2014	2020	2050
14%	**28**%	**35**%	**80**%

Fraunhofer ISE/BDEW, BMWi

THEMA
ZUKUNFTSBRANCHE GREENTECH

Die führende Rolle Deutschlands bei den Technologien für Umweltschutz, Erneuerbare Energien und effiziente Ressourcennutzung wirkt sich positiv auf die Wirtschaft und den Arbeitsmarkt aus. Die Umweltbranche liefert einen relevanten Beitrag für nachhaltiges Wachstum und trägt zur Entwicklung neuer Technologien bei – im Energiebereich ebenso wie in den Informations- und Kommunikationstechnologien sowie der Werkstoff- und Materialtechnologie.

Knapp 700.000 Menschen sind in der Energiewirtschaft beschäftigt, fast die Hälfte von ihnen arbeitet im Bereich der Erneuerbaren Energien. Damit ist Deutschland unter den sechs führenden Ländern, was die Beschäftigungssituation in dieser Branche betrifft. Die Branche insgesamt ist mittelständisch geprägt, doch auch Konzerne wie Siemens sind wichtige Player. Unter dem Label „Greentech made in Germany" erzielen die Firmen beachtliche Exporterfolge; ihr Weltmarktanteil beträgt rund 15 Prozent. Mit einer „Exportinitiative Umwelttechnologie" möchte Deutschland seine Stellung weiter verbessern und sich vor allem als integrierter Lösungsanbieter positionieren.

Elektromobilität ist ein wichtiges Zukunftsthema der Umweltbranche

Einen weiteren Schub soll der Umwelt- und Klimaschutz durch die Elektromobilität bekommen. Die Elektromobilität der Zukunft steht auch in China, Japan und Nordamerika auf der Agenda. Die Bundesregierung und die Automobilbranche verfolgen das ambitionierte Ziel, Deutschland zum Leitmarkt für Elektromobilität zu entwickeln und an den Potenzialen dieses globalen Marktes teilzuhaben. Die steigende Anzahl von Elektroautos soll zu einer weiteren Senkung des Kohlendioxid-Ausstoßes beitragen, der zu einem Sechstel auf das Konto des Straßenverkehrs geht. Die deutschen Autohersteller beschäftigen sich intensiv mit E-Mobility-Konzepten. Bis 2020 investieren sie 40 Milliarden Euro in Forschung und

\# ZAHL

1,79 Mio.

Kilometer ist das deutsche Stromnetz lang. Mit dieser Länge könnte der Äquator 45-mal umrundet werden. Der Großteil des Stromnetzes fällt mit einer Länge von 1,44 Millionen Kilometern (80 Prozent) auf die Erdverkabelung. Rund 350.000 Kilometer werden durch Freileitungen abgedeckt. Die überregionalen Höchstspannungsnetze sind 34.810 Kilometer lang. Rund 2.650 Kilometer an neuen Stromtrassen sind im Rahmen der Energiewende in Planung.

→ bundesnetzagentur.de

Elektromobilität gehört zu den großen Zukunftsthemen der deutschen Automobilindustrie

Entwicklung und wollen die Anzahl der Modelle auf über 100 steigern.

Mit Kaufprämien, Steuervergünstigungen und umfassenden Zuschüssen zur Verbesserung der Ladeinfrastruktur unterstützt die Bundesregierung die Entwicklung, um den Elektroautos zum Durchbruch zu verhelfen. Zugleich hat sie die Ausgaben für die Energieforschung deutlich erhöht, vor allem die Batterieforschung für Elektroautos steht im Fokus. Das Projekt „Batte-

rie 2020" gilt als Vorzeigeprojekt und soll neue und evolutionär weiterentwickelte Materialien zur Erforschung und Entwicklung der leistungsfähigsten Batteriesysteme hervorbringen.

Zwischenzeitlich sind an den deutschen und europäischen Universitäten und Hochschulen rund 1.000 innovative Studiengänge im Bereich Erneuerbare Energien und Energieeffizienz entstanden, die vielfach international Studierende anziehen. ∎

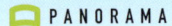
PANORAMA
ERNEUERBARE ENERGIEN

Innenansicht eines modernen deutschen Windrades

Typ Enercon E-126 mit
4.200 kW Nennleistung

❶ Maschinenträger
❷ Azimutantrieb
❸ Ringgenerator
❹ Blattadapter
❺ Rotornabe
❻ Rotorblatt

Windenergieanlage
Der Wind treibt die Rotorblätter an. Der Generator wandelt die mechanische Energie in elektrische Energie um.

Trafostation
Der Transformator übergibt den Strom in passender Form an den Netzbetreiber.

Umspannwerk
Das Umspannwerk wandelt die Mittelspannung in Hochspannung für die Übertragung über weite Strecken um.

690 V

10.000 V – 30.000 V

110.000 V

15 %
mehr Strom aus Erneuerbaren Energien (2016 – 2017)

11 %
weniger Strom aus Kernkraft (2016 – 2017)

338.600
Beschäftigte im Bereich Erneuerbare Energien

10.000
neue Arbeitsplätze durch die Energiewende (bis 2017)

Nutzung der Wind- und Sonnenenergie nach Ländern
in Leistung (MW)

- 🟢 Sonnenenergie
- 🟢 Windenergie

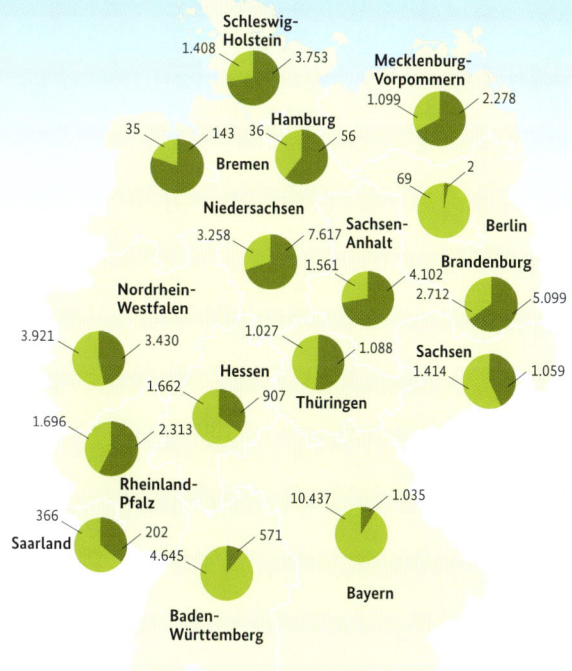

Schleswig-Holstein 1.408 | 3.753

Mecklenburg-Vorpommern 1.099 | 2.278

Hamburg 36 | 56

Bremen 35 | 143

Berlin 69 | 2

Niedersachsen 3.258 | 7.617

Sachsen-Anhalt 1.561

Brandenburg 4.102 | 2.712 | 5.099

Nordrhein-Westfalen 3.921 | 3.430

Hessen 1.027 | 1.662 | 907

Sachsen 1.088 | 1.414 | 1.059

Thüringen 907

Rheinland-Pfalz 1.696 | 2.313

Saarland 366 | 202

Baden-Württemberg 4.645 | 571

Bayern 10.437 | 1.035

33,1 %
2017 kamen 33,1 Prozent des verbrauchten Stroms aus Erneuerbaren Energien.

28.675
2017 waren in Deutschland 28.675 Windenergieanlagen installiert.

1,6 Millionen
Ende 2017 waren in Deutschland 1,6 Millionen Photovoltaikanlagen installiert.

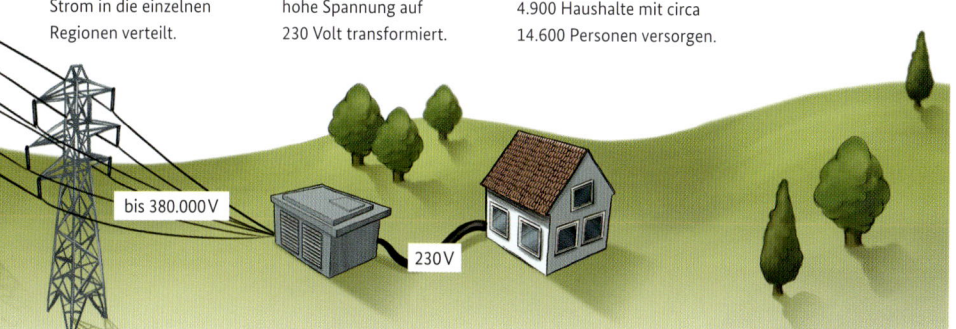

Stromnetz
Über das Hochspannungsnetz wird der Strom in die einzelnen Regionen verteilt.

Umspannwerk
In einem zweiten Umspannwerk wird die hohe Spannung auf 230 Volt transformiert.

Haushalte
Eine 5-MW-Windkraftanlage kann pro Jahr etwa 4.900 Haushalte mit circa 14.600 Personen versorgen.

bis 380.000 V

230 V

10,1 Mrd. Euro
für neue Windenergieanlagen (2016)

1,5 Mrd. Euro
für neue Solarenergieanlagen (2016)

1,79
Millionen Kilometer Stromnetz

1.300
Kilometer „Stromautobahnen"

THEMA

LEBENSWICHTIGE VIELFALT

Deutschland ist ein Land mit großer biologischer Vielfalt. Rund 48.000 Tierarten und 24.000 Arten der höheren Pflanzen, Moose, Pilze, Flechten und Algen sind hier heimisch. Der Schutz der natürlichen Lebensgrundlagen ist ein offizielles Staatsziel, es wurde 1994 im Grundgesetz verankert. 16 Nationalparks und 16 UNESCO-Biosphärenreservate mit ganz unterschiedlichem Charakter sind ausgewiesen worden, verteilt zwischen Nordsee und Alpen, zudem Tausende Naturschutzgebiete.

Deutschland ist Vertragsstaat der wichtigsten internationalen Abkommen zur Biodiversität und an rund 30 zwischenstaatlichen Abkommen und Programmen beteiligt, die Naturschutz zum Ziel haben. Mit der Ratifikation der Biodiversitätskonvention der Vereinten Nationen haben sich die Regierungen von 196 Ländern verpflichtet, die Verlustraten an biologischer Vielfalt signifikant zu verringern. Bisher konnte eine Trendwende beim Artensterben jedoch noch nicht erreicht werden. 2010 wurde auf der Vertragsstaatenkonferenz der Konvention in Nagoya (Japan) ein völkerrechtlicher Rahmen für den Zugang zu genetischen Ressourcen und einen gerechten Vorteilsausgleich verabschiedet. Das Nagoya-Protokoll ist seit 2014 in Kraft.

In Deutschland gelten mehr als 40 Prozent der Wirbeltiere und Pflanzenarten als gefährdet. Aus diesem Grund sollen die Anstrengungen zum Natur- und Artenschutz an Land, in Gewässern sowie in Nord- und Ostsee erhöht werden. Ein vordringliches Ziel ist es, die Zerstörung von Lebensräumen durch Siedlungs- und Straßenbau und Schadstoffeinträge unter anderem aus der Intensivlandwirtschaft und Überdüngung zu vermindern. Der Flächenverbrauch für Siedlungsbau und neue Verkehrswege soll von 70 auf 30 Hektar am Tag sinken. Angestrebt wird zudem, auf 2 Prozent des Bundesgebietes „Wildnis" zuzulassen und 5 Prozent der Wälder der Natur zu überlassen. Im Jahr 2015 wurden zahlreiche frühere Militärgelände mit einer Gesamtfläche von 31.000 Hektar für den Naturschutz umgewidmet, darunter Moore und Heidelandschaften.

Ⓡ INFO

Wildtiere In Deutschland werden seit einigen Jahren wieder vermehrt Wildtiere heimisch. Wölfe durchstreifen inzwischen in mehr als 60 Rudeln (mit einem geschätzten Gesamtbestand von bis zu 600 Tieren) die östlichen und nördlichen Bundesländer. Auch Wildkatzen und Luchse werden immer häufiger gesichtet. Die Zahl der Seeadler-Brutpaare hat nie gekannte Höhen erreicht; Biber sind fast schon wieder ein vertrauter Anblick. Vereinzelt wurden sogar Elche und Braunbären gesichtet, die aus den östlichen Nachbarländern nach Deutschland kommen.
→ wwf.de

KARTE

UNESCO-Biosphärenreservate und Nationalparks in Deutschland

Schleswig-Holsteinisches Wattenmeer

Hamburgisches Wattenmeer

Niedersächsisches Wattenmeer

Vorpommersche Boddenlandschaft

Jasmund

Südost-Rügen

Schaalsee

Müritz

Unteres Odertal

Flusslandschaft Elbe

Schorfheide-Chorin

Spreewald

Harz

Oberlausitzer Heide- und Teichlandschaft

Kellerwald-Edersee

Hainich

Eifel

Rhön

Sächsische Schweiz

Vessertal-Thüringer Wald

Hunsrück-Hochwald

Bliesgau

Pfälzerwald-Nordvogesen

Bayerischer Wald

Schwarzwald

Schwäbische Alb

Nationalpark

Biosphärenreservat

Berchtesgadener Land

Berchtesgaden

Neben Biosphärenreservaten und Nationalparks zählt Deutschland noch 104 Naturparks

Verstärkt in den Blickpunkt der Aufmerksamkeit gerät der Meeresumweltschutz. Meere sind reich an biologischer Vielfalt, liefern Rohstoffe, Energie und Nahrungsmittel. Das Ökosystem ist durch Ölförderung, Schifffahrt, Überfischung, die Zufuhr schlecht abbaubarer Substanzen (Plastikmüll) und durch Kohlendioxid verursachte Versauerung vielfach belastet. Im Rahmen der deutschen G20-Präsidentschaft einigten sich 2017 Regierungsvertreter und Experten auf einen gemeinsamen Aktionsplan, der die Vermüllung der Meere stoppen soll. Die Bundesregierung will die EU-Präsidentschaft im Jahr 2020 nutzen, um den europäischen Umweltschutz weiter ambitioniert auszubauen. Es sollen mehr Mittel für den Naturschutz bereitgestellt und ein eigenständiger EU-Naturschutzfonds eingerichtet werden. Ein besonderes Augenmerk gilt dem Insektensterben. Mit einem „Aktionsprogramm Insektenschutz" will die Bundesregierung die Lebensbedingungen für Insekten verbessern. ∎

BILDUNG & WISSEN

Starker Wissensstandort • Dynamische Hochschullandschaft • Ambitionierte
Spitzenforschung • Vernetzte Wissenschaft • Engagierte Außenwissenschaftspolitik •
Exzellente Forschung • Attraktives Schulsystem

EINBLICK
STARKER WISSENSSTANDORT

Deutschland gehört weltweit zu den ersten Adressen in Forschung und akademischer Ausbildung. Dafür steht symbolisch mit mehr als 80 Auszeichnungen der dritte Rang unter den Nobelpreisträgernationen. In der globalisierten Welt, in der Wissen als wichtigster „Rohstoff" gilt, ist das Land mit seiner Tradition in Forschung und Entwicklung im internationalen Wettbewerb um die besten Köpfe gut aufgestellt. Geprägt wird der Wissensstandort von drei großen Akteuren: dem dichten Netz von rund 400 Hochschulen, den vier international renommierten außeruniversitären Forschungseinrichtungen und der starken Industrieforschung. Dass Deutschland innerhalb der Europäischen Union (EU) einen Stammplatz in der Gruppe der Innovationsführer sicher weiß, hat seine Gründe in der starken Forschungsleistung. Deutschland gehört international in die Spitzengruppe jener wenigen Länder, die rund 3 Prozent ihres Bruttoinlandsprodukts für Forschung und Entwicklung investieren; bis 2025 sollen diese Ausgaben auf mindestens 3,5 Prozent gesteigert werden.

Mit zahlreichen Maßnahmen und Reformen haben Politik und Hochschulen die Initiative zur Weiterentwicklung und Internationalisierung des Wissensstandorts ergriffen. Dazu gehört die 2008 beschlossene Qualifizierungsinitiative, die unter dem Motto „Aufstieg durch Bildung" Förderangebote über den gesamten Lebensweg bietet. Weitere erfolgreiche Maßnahmen sind die Exzellenzinitiative, die eine Vielzahl international orientierter Graduiertenschulen und Exzellenzcluster hervorgebracht hat und die mit der Exzellenzstrategie fortgesetzt wird, der Hochschulpakt 2020, die Hightech-Strategie, der Pakt für Forschung und Innovation oder die Internationalisierungsstrategie. Als größte Forschungsnation ▶

VIDEO ▶ AR-APP

Bildung & Wissen: das Video zum Thema
→ **tued.net/de/vid5**

Deutschland gehört international zu den beliebtesten Studienstandorten

► Europas hat Deutschland 2014 als erster EU-Mitgliedsstaat eine Strategie zur weiteren Ausgestaltung des Europäischen Forschungsraums (EFR) vorgelegt.

Auf der internationalen Ausrichtung liegt ein besonderer Schwerpunkt. Im Zuge des Bologna-Prozesses wurden die meisten Studienangebote auf Bachelor- und Masterabschlüsse umgestellt, viele Studiengänge werden in einer Fremdsprache angeboten. Für internationale Studierende zählt Deutschland weltweit zu den fünf beliebtesten Zielländern. Die Mobilität Studierender aus Deutschland ins Ausland liegt mit rund 35 Prozent der Studierenden ebenfalls hoch. Auch die Zahl internationaler Mitarbeiter an den Hochschulen hat sich in den vergangenen Jahren kontinuierlich gesteigert und liegt bei über 10 Prozent. Viele deutsche Hochschulen engagieren sich mit dem „Export" von Studienangeboten und dem Aufbau von Hochschulen nach deutschem Modell im internationalen Bildungsmarkt. Grundsätzlich ist das deutsche Bildungssystem im internationalen Vergleich relativ gut an die Bedürfnisse des Arbeitsmarktes angepasst. 87 Prozent der Erwachsenen in Deutschland haben das Abitur oder eine abgeschlossene Berufsausbildung. Im OECD-Schnitt sind es 86 Prozent. ■

➜ NETZ

Research Explorer
Forschungsverzeichnis mit
mehr als 25.500 Instituten
→ research-explorer.de

Research in Germany
Zentrale Informationsplattform
zum Forschungsstandort Deutschland
→ research-in-germany.org

DWIH
Deutsche Wissenschafts- und
Innovationshäuser weltweit
→ dwih-netzwerk.de

Sprungbrett für eine erfolgreiche Berufskarrriere: ein abgeschlossenes Studium

AKTEURE & INSTRUMENTE

Deutsche Forschungsgemeinschaft
Die Deutsche Forschungsgemeinschaft (DFG)
ist die zentrale Organisation zur Förderung
der Forschung an Hochschulen und öffentlich
finanzierten Forschungsinstituten.
→ dfg.de

Hochschulrektorenkonferenz
Die Hochschulrektorenkonferenz (HRK) ist der
Zusammenschluss der staatlichen und staatlich
anerkannten Hochschulen in Deutschland. Die
Datenbank Hochschulkompass informiert über
Studiengänge und internationale Kooperationen.
→ hrk.de, hochschulkompass.de

Deutscher Akademischer Austauschdienst
Der DAAD ist die größte Förderorganisation für
den Austausch von Studierenden und Wissenschaftlern. Er unterhält ein weltweites Netzwerk
mit 71 Außenstellen und Informationszentren.
→ daad.de, studieren-in.de

Leopoldina
Die älteste Wissenschaftsakademie der Welt
Leopoldina in Halle zählt 1.500 Mitglieder.
→ leopoldina.org

Alumniportal Deutschland
Das Alumniportal Deutschland vernetzt
Menschen weltweit, die in Deutschland studiert,
geforscht oder gearbeitet haben.
→ alumniportal-deutschland.org

Außeruniversitäre Forschungsorganisationen
Die Max-Planck-Gesellschaft, die Fraunhofer-
Gesellschaft, die Helmholtz-Gemeinschaft und
die Leibniz-Gemeinschaft sind die von Bund
und Ländern geförderten außeruniversitären
Wissenschaftsorganisationen.
→ mpg.de, fraunhofer.de, helmholtz.de,
leibniz-gemeinschaft.de

Initiative „Schulen: Partner der Zukunft"
Die PASCH-Initiative des Auswärtigen Amts
vernetzt weltweit fast 2.000 Schulen,
an denen Deutsch hohen Stellenwert hat.
→ pasch-net.de

 **✚ DIGITAL PLUS**
Mehr Informationen zu allen Themen
des Kapitels – kommentierte Linklisten
und Beiträge, dazu weiterführende
Informationen zu Stichworten wie
Bologna-Prozess, Internationalisierung, Studienabschlüsse,
Zulassungsbeschränkung.
→ tued.net/de/dig5

Alexander von Humboldt-Stiftung
Die Humboldt-Stiftung fördert Topwissenschaftler und den Wissenschaftsaustausch.
→ humboldt-foundation.de

THEMA
DYNAMISCHE HOCHSCHULLANDSCHAFT

Die deutsche Hochschullandschaft ist außerordentlich vielfältig: Sie bietet Universitäten mit großen Namen in Metropolen wie Berlin oder München, aber auch in Aachen, Heidelberg oder Karlsruhe exzellente Hochschulen. Forschungsstarke mittelgroße Universitäten und kleinere Hochschulen mit erstaunlicher Strahlkraft bilden den Kern der akademischen Welt. Im internationalen Shanghai-Ranking, in den QS World University Rankings oder den Times Higher Education World University Rankings erreichen jeweils zwölf bis 20 deutsche Universitäten Platzierungen unter den Top 200. Besonders gut schneiden die Technische Universität München, die Ludwig-Maximilians-Universität München und die Universität Heidelberg ab.

≡ LISTE

· Älteste Universität: **Ruprecht-Karls-Universität Heidelberg (gegr. 1386)**

· Jüngste Universität: **Medizinische Hochschule Brandenburg (gegr. 2014)**

· Größte Volluniversität: **Universität zu Köln (53.176 Studierende)**

· Attraktivste Universität für internationale Spitzen- und Nachwuchswissenschaftler: **Freie Universität Berlin (Humboldt-Ranking 2017)**

2017 konnten Studierende in Deutschland nach Angaben der Hochschulrektorenkonferenz (HRK) zwischen 399 Hochschulen (120 Universitäten, 221 Fachhochschulen, 58 Kunst- und Musikhochschulen) wählen. Zusammen bieten sie 19.011 Studiengänge an. Im Zuge des 1999 eingeleiteten Bologna-Prozesses zur Schaffung eines einheitlichen Europäischen Hochschulraumes wurden fast alle Studiengänge auf Bachelor- und Masterabschlüsse umgestellt. 240 Hochschulen werden vom Staat, 39 kirchlich und 120 privat finanziert.

Steigende Beliebtheit
bei internationalen Studierenden

Die Hochschullandschaft wird nach Aufbau und Aufgabe grundsätzlich in drei Typen unterschieden: Universität, Fachhochschule sowie Kunst-, Film- und Musikhochschule. Während die klassischen Universitäten ein breites Fächerspektrum anbieten, konzentrieren sich die Technischen Universitäten (TU) auf die Grundlagenforschung in den ingenieurtechnischen und naturwissenschaftlichen Disziplinen. Die neun führenden TU haben sich 2006 zur TU9-Initiative zusammengeschlossen. Die Universitäten verstehen sich nicht nur als Lehranstalten, sondern gleichermaßen als Orte der Forschung und verkörpern insofern bis heute das Humboldtsche Bildungsideal von der Einheit von Forschung und Lehre. Die Universitäten haben das vor-

2,8 Millionen Studierende sind an den rund 400 Hochschulen in Deutschland eingeschrieben

rangige Ziel, den wissenschaftlichen Nachwuchs zu fördern, fundierte Fachkenntnisse zu vermitteln und selbstständig arbeitende und forschende Wissenschaftler auszubilden. Die 221 Fachhochschulen (FH) mit einer stark praxisorientierten Ausrichtung sind eine deutsche Besonderheit und tragen häufig die im angelsächsischen Sprachraum übliche Bezeichnung „University of Applied Sciences" als Beiname. Die erstmalige Einführung des Promotionsrechts für Fachhochschulen im

Bundesland Hessen hat für viele Diskussionen gesorgt. Zuvor war das Promotionsrecht ausschließlich den Universitäten vorbehalten.

Die Akademisierung nimmt insgesamt zu: Lag die Studienanfängerquote 2005 noch bei 37 Prozent, nimmt nunmehr über die Hälfte der jungen Menschen in Deutschland ein Studium auf. Das Bundesausbildungsförderungsgesetz (BAföG) ermöglicht ihnen, unabhängig von der finanziellen Situation ihrer Familie ein Studium ▶

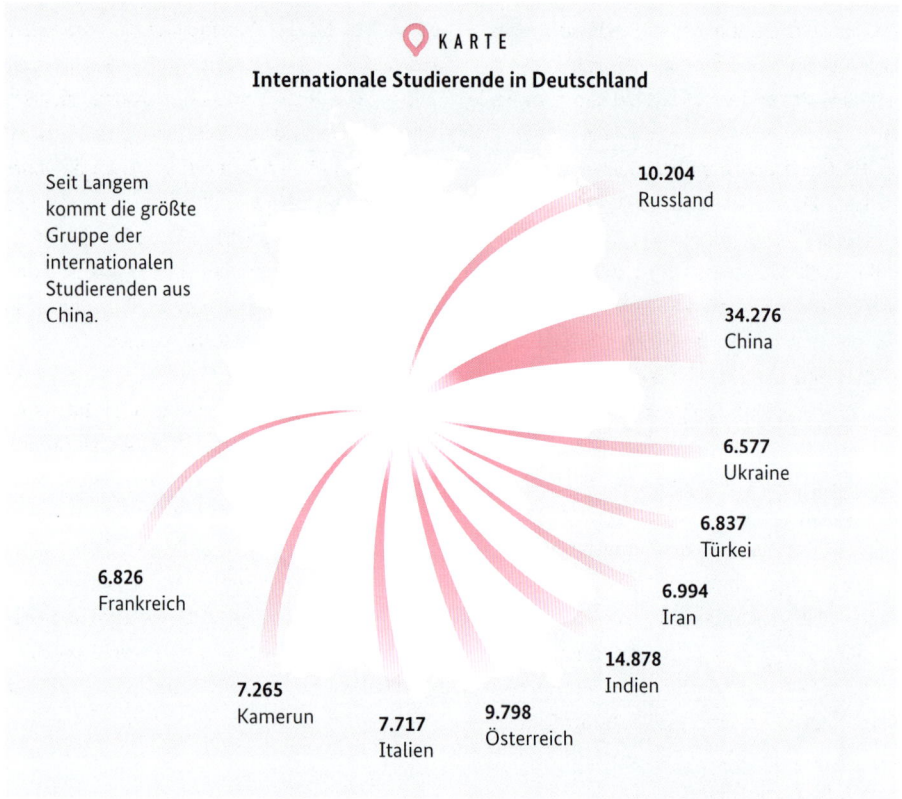

◉ KARTE

Internationale Studierende in Deutschland

Seit Langem kommt die größte Gruppe der internationalen Studierenden aus China.

10.204
Russland

34.276
China

6.577
Ukraine

6.837
Türkei

6.994
Iran

14.878
Indien

6.826
Frankreich

7.265
Kamerun

7.717
Italien

9.798
Österreich

▶ zu absolvieren. Mittlerweile stammt knapp jeder zweite Studierende aus einem nicht-akademischen Elternhaus. Im Wintersemester 2016/2017 waren 2,8 Millionen Studierende an den Hochschulen eingeschrieben, unter ihnen 265.500 Studierende, die ihre Hochschulreife im Ausland erworben haben – das sind 41 Prozent mehr als im Wintersemester 2006/2007.

Heute besuchen mehr als doppelt so viele Ausländer deutsche Universitäten wie 1996. Die meisten internationalen Studierenden kommen aus China, Indien und Russland. Deutschland zählt weltweit zu den fünf beliebtesten Zielländern für internationale Studierende.

Gleichzeitig haben die deutschen Hochschulen ihr Angebot an fremdsprachigen und internationalen Studiengängen deutlich ausgebaut: rund 1.400 Studiengänge bieten Englisch als Unterrichtssprache; in über 730 Studiengängen ist ein internationaler Doppelabschluss möglich. Für internationale Doktoranden ist die Vielzahl strukturierter Promotionsangebote besonders attraktiv. Die weitgehende Freiheit von Studiengebühren ist ein weiterer Vorteil der deutschen Hochschulen.

Der zunehmenden Akademisierung begegnen Bund und Länder gemeinsam: Im Rahmen des Hochschulpakts 2020 haben sie Ende 2014 beschlossen, in den folgenden Jahren bis zu 760.000 zusätzliche Studienmöglichkeiten zu finanzieren. Über die Gesamtlaufzeit des Hochschulpakts von 2007 bis 2023 wird der Bund 20,2 Milliarden Euro und werden die Länder 18,3 Milliarden Euro bereitstellen.

Initiativen für mehr Exzellenz und größere Internationalisierung

Mit der Exzellenzinitiative förderten Bund und Länder zwischen 2005 und 2017 besonders herausragende Forschungsprojekte und -einrichtungen an den Hochschulen. Allein in der zweiten Programmphase (2012–2017) wurden mit einem Fördervolumen von 2,7 Milliarden Euro 45 Graduiertenschulen, 43 Exzellenzcluster und elf Zukunftskonzepte unterstützt, die an 39 Universitäten angesiedelt sind. Die nachfolgende Exzellenzstrategie ist zunächst auf unbestimmte Zeit ausgelegt und ab 2018 mit jährlich insgesamt 533 Millionen Euro dotiert. Sie soll dazu beitragen, dass deutsche Universitäten im internationalen Wettbewerb noch besser werden. Die Förderung von Exzellenzclustern stärkt international wettbewerbsfähige Forschungsfelder an Universitäten und Universitätsverbünden projektbezogen. Werden mindestens zwei Exzellenzcluster an derselben Universität bewilligt, hat diese die Chance auf dauerhafte Förderung als Exzellenzuniversität.

Ein wichtiges Thema bleibt die Internationalisierung. Die Hochschulrektorenkonferenz zählt mehr als 33.000 Vereinbarungen deutscher Hochschulen mit Partnereinrichtungen in rund 150 ausländischen Staaten, darunter vielfach Programme, die zu Doppelabschlüssen führen. Viele Hochschulen beteiligen sich an der Entwicklung deutscher Studienangebote und der Gründung von Hochschulen nach deutschem Modell, die es in Ägypten, China, Jordanien, Kasachstan, der Mongolei, Oman, Singapur, Ungarn, Vietnam und in der Türkei gibt.

Die Steigerung der Auslandsmobilität deutscher Studierender wird ebenfalls gefördert. Über ein Drittel absolviert bereits einen Auslandsaufenthalt. Künftig soll jeder zweite Hochschulabsolvent aus Deutschland während des Studiums Auslandserfahrung sammeln. Stipendienangebote wie zum Beispiel das Erasmus+-Programm unterstützen die wertvollen Studienaufenthalte. ■

 INFO

Professorinnenprogramm Frauen in Deutschland verfassen fast die Hälfte aller Promotionsarbeiten – aber noch nicht einmal ein Viertel der Professoren sind Frauen. Daher haben Bund und Länder 2008 das Professorinnenprogramm gestartet. Das in seiner dritten Runde von 2018 bis 2022 mit 200 Millionen Euro ausgestattete Förderprogramm soll die Zahl der Professorinnen an den Hochschulen erhöhen und die Gleichstellungsstrukturen stärken. Im Rahmen des Programms wurden bereits über 500 Professorinnen berufen.
→ bmbf.de/de/494.php

THEMA
AMBITIONIERTE SPITZENFORSCHUNG

Wissenschaft und Forschung genießen in Deutschland hohen Stellenwert. Sowohl die Wirtschaft als auch die Politik steigerten in den vergangenen Jahren kontinuierlich die Budgets für Wissensarbeit. 2016 betrug der Anteil der Forschungsausgaben am Bruttoinlandsprodukt (BIP) 2,93 Prozent. Damit rangiert Deutschland international in der Spitzengruppe der Länder, die mehr als 2,5 Prozent ihres BIP für Forschung und Entwicklung (FuE) investieren. Insgesamt wurden in Deutschland 2016 knapp 92,2 Milliarden Euro für FuE aufgewendet. Dabei schultert die Industrie knapp 63 Milliarden Euro der Forschungsausgaben, die Hochschulen tragen rund 16,5 Milliarden bei und der Staat rund 12 Milliarden Euro.

Die Studie „European Innovation Scoreboard 2017" der Europäischen Kommission listet Deutschland zusammen mit Schweden, Dänemark, Finnland, den Niederlanden und Großbritannien in der Spitzengruppe der Innovationsführer der Europäischen Union (EU). Dabei stellt die Studie die hohen Innovationsausgaben der deutschen Unternehmen als europaweit vorbildlich heraus. Die Unternehmen steigerten ihre Ausgaben für FuE zwischen 2006 und 2016 um rund 50 Prozent. Die gemeinsamen FuE-Ausgaben von Staat, Wirtschaft und Hochschulen sind seit 2005 um 65 Prozent gewachsen. Der Anteil der Ausgaben am BIP soll aber noch weiter gesteigert werden: schon bis 2025 auf 3,5 Prozent.

Die Ergebnisse deutscher Wissenschaftler lassen sich sehen: Im Ende 2018 veröffentlichten „Nature Index", der die Publikationsleistung von Forschungseinrichtungen und Hochschulen auswertet, erreicht Deutschland die beste Wertung in Europa. Im weltweiten Vergleich kommt Deutschland auf Platz drei nach den USA und China. ▶

~ DIAGRAMM   Weltmarktrelevante Patente im EU-Vergleich, pro Mio. Einwohner

Hightech-Standort Deutschland
657.894 Frauen und Männer arbeiten in Deutschland im Bereich Forschung und Entwicklung. Allein die Staatsausgaben für Forschung und Entwicklung stiegen im Zeitraum von 2005 bis 2017 um über 90 Prozent. Deutschland zählt weltweit zu den fünf Ländern, die am meisten in diesem Bereich investieren.

Schweden	**435**
Finnland	**423**
Deutschland	**372**
Dänemark	**342**
⋮	
EU-Durchschnitt	**154**

BMBF/BuFI

Noch nie waren die Investitionen in Forschung und Entwicklung so hoch wie heute

FuE-Personal nach Sektoren

15,7 %
Staat und
private Organi-
sationen ohne
Erwerbszweck

62,8 %
Wirtschaft

21,5 %
Hochschule

Statistisches Bundesamt

Ausgaben für Forschung und Entwicklung in Mio. €

2005	2009	2013	2016
55.879	67.078	79.730	92.174

► **Mit der ressortübergreifenden** Hightech-Strategie hat Deutschland seit 2006 ein besonderes Innovationsinstrument entwickelt. Aus Forschungsprojekten der Hightech-Strategie sind seitdem viele Neuentwicklungen entstanden – von energiesparenden LED-Leuchten bis zur mitwachsenden Herzklappe. Anfangs richtete die Hightech-Strategie ihren Blick vorrangig auf das Marktpotenzial konkreter Technologiefelder, seit 2010 fokussiert sie auf den gesellschaftlichen Bedarf an zukunftsfähigen Lösungen und deren Realisierung. Als Forschungs- und Innovationsstrategie konzentriert sich die Hightech-Strategie auf die großen Herausforderungen Digitalisierung, Gesundheit, Klima und Energie, Mobilität, Sicherheit, soziale Innovationen sowie Zukunft der Arbeit.

Im Rahmen der Hightech-Strategie sind in drei Wettbewerbsrunden 15 Spitzencluster ausgewählt worden, die besondere Förderung erhalten. 2014 ergab eine Evaluation, dass an den Spitzenclustern 900 Innovationen, 300 Patente, 450 Dissertationen und Habilitationen, 1.000 Bachelor- und Masterarbeiten und 40 Unternehmensausgründungen entstanden. Insgesamt arbeiten in Deutschland rund 1.000 öffentlich finanzierte Forschungseinrichtungen. Das Rückgrat der Forschungslandschaft bilden neben den Hochschulen vor allem vier große außeruniversitäre Forschungsorganisationen.

Exzellente außeruniversitäre Forschungsinstitutionen

Die 1948 gegründete Max-Planck-Gesellschaft (MPG) ist das wichtigste Zentrum der Grundlagenforschung für Natur-, Bio-, Geistes- und Sozialwissenschaften außerhalb der Universitäten. Über 14.000 Forscher, unter ihnen 47 Prozent internationale Wissenschaftler, arbeiten an den 84 Max-Planck-Instituten und Forschungseinrichtungen, zu denen auch sechs Standorte in den Niederlanden, Luxemburg, Italien, den USA und Brasilien zählen. Seit ihrer Gründung wurden 18 Nobelpreise an Forscher der Max-Planck-Gesellschaft vergeben. Sie hat seit 1970 über 4.000 Erfindun-

⬚ WEGMARKEN

1995
Ein Team um den Elektrotechniker und Mathematiker Karlheinz Brandenburg entwickelt am Fraunhofer-Institut in Erlangen das MP3-Verfahren zur Audiodatenkompression, das heute weltweit Standard ist.

2005
Die Exzellenzinitiative wird unter den Universitäten ausgelobt. Der Pakt für Forschung und Innovation fördert die außeruniversitären Forschungsorganisationen. 2007 schließen Bund und Länder zudem den ersten Hochschulpakt.

2008
Neun Jahre nach der Entdeckung des Riesenmagnetowiderstandseffekts, der den Durchbruch zu Gigabyte-Festplatten ermöglichte, erhalten der Deutsche Peter Grünberg und der Franzose Albert Fert den Physik-Nobelpreis.

gen auf dem Weg in den Markt begleitet; etwa 75 meldet sie jährlich als Patente an.

Die Helmholtz-Gemeinschaft betreibt Spitzenforschung in den sechs Forschungsbereichen Energie, Erde und Umwelt, Gesundheit, Luftfahrt, Raumfahrt und Verkehr, Schlüsseltechnologien und Materie. Dabei konzentrieren sich die Helmholtz-Wissenschaftler auf Systeme von hoher Komplexität. Mit insgesamt knapp 40.000 Mitarbeiterinnen und Mitarbeitern an den 18 unabhängigen Helmholtz-Zentren, darunter das Deutsche Zentrum für Luft- und Raumfahrt (DLR) mit allein 20 deutschen Standorten, ist sie Deutschlands größte Forschungsorganisation.

Die Fraunhofer-Gesellschaft mit ihren 72 Instituten und Forschungseinrichtungen an Standorten in ganz Deutschland gilt als die größte Einrichtung anwendungsorientierter Entwicklung in Europa. Zu ihren zentralen Forschungsfeldern zählen etwa Gesundheit und Umwelt, Mobilität und Transport sowie Energie und Rohstoffe. Mit Tochterunternehmen, Büros und Repräsentanten in zehn europäischen, je zwei nord- und südamerikanischen, sieben asiatischen, zwei afrikanischen Ländern sowie in Israel ist sie global aktiv.

Unter dem Dach der Leibniz-Gemeinschaft versammeln sich 93 selbstständige Forschungseinrichtungen, deren Ausrichtung von den Natur-, Ingenieur- und Umweltwissenschaften über die Wirtschafts-, Raum- und Sozialwissenschaften bis zu den Geisteswissenschaften reicht. Ein übergreifender Schwerpunkt der 9.900 Forscher liegt im Wissenstransfer in Richtung Politik, Wirtschaft und Öffentlichkeit.

Für die Förderung von Wissenschaft und Forschung ist die Deutsche Forschungsgemeinschaft (DFG) zuständig, Europas größte Organisation dieser Art. Die DFG unterhält neben ihrer Zentrale in Bonn Büros in China, Japan, Indien, Russland, Nord- und Lateinamerika und fördert die Kooperation von Forschern in Deutschland mit Kollegen im Ausland – besonders, aber keinesfalls nur im Europäischen Forschungsraum. ∎

2012
Das Europäische Patentamt zeichnet den Heidelberger Physiker Josef F. Bille, Erfinder des Augenlasers, für sein Lebenswerk aus. Bille hat mit fast 100 Patenten den Weg für die heutigen Augen-Laseroperationen geebnet.

2014
Stefan Hell, Direktor am Max-Planck-Institut für biophysikalische Chemie, erhält zusammen mit zwei US-Forschern den Chemie-Nobelpreis für die Entwicklung der hochauflösenden Fluoreszenz-Mikroskopie.

2017
Fast alle Studiengänge sind auf die Abschlüsse Bachelor und Master umgestellt. Eine Ausnahme bilden die staatlich geregelten Studiengänge Medizin und Rechtswissenschaften.

THEMA
VERNETZTE WISSENSCHAFT

Die Globalisierung stellt auch die deutsche Wissenschaftslandschaft vor neue Herausforderungen. Die Fähigkeit zur Vernetzung von Wissen und Wissenschaftlern spielt dabei eine zentrale Rolle. Deutschland hat sich in dieser Frage gut positioniert. Fast die Hälfte ihrer wissenschaftlichen Publikationen verfassen Forscherinnen und Forscher mittlerweile in internationalen Kooperationen. An den 399 Hochschulen arbeiten nach Berechnungen des Berichts „Wissenschaft Weltoffen 2018" 45.858 wissenschaftliche und künstlerische Mitarbeiter mit ausländischer Staatsbürgerschaft, darunter 3.184 Professorinnen und Professoren; das sind knapp zwölf Prozent aller Beschäftigten an den Hochschulen. Seit 2010 ist die Zahl der ausländischen Mitarbeiter um mehr als ein Drittel gestiegen. Dabei spielen auch die zuletzt geschaffenen vereinfachten Visaverfahren für Wissenschaftler aus Nicht-EU-Staaten eine Rolle.

Unter den für einen Aufenthalt in Deutschland geförderten ausländischen Forschern sind Asien und Pazifik sowie Westeuropa die wichtigsten Herkunftsregionen: Von dort kommen jeweils 18 Prozent der zuletzt 34.869 geförderten internationalen Experten. Vielfach richten Hochschulen und Forschungseinrichtungen Willkommenszentren ein, um die internationalen Wissenschaftler bei ihrem Start besser zu unterstützen. Auch der temporäre Aufenthalt von Forschern wird als ein Gewinn gesehen, denn sie sind nach ihrer Rückkehr in ihre Heimatländer häufig wichtige Netzwerkpartner für weitere Kooperationen.

Viele Wissenschaftler aus dem Ausland zieht die attraktive Forschungsinfrastruktur nach Deutschland – dazu gehört die Möglichkeit, an zum Teil weltweit einzigartigen Großforschungsgeräten zu arbeiten. Allein die Helmholtz-Gemeinschaft betreibt rund 50 Großgeräte für unterschiedlichste Forschungsfelder. Zahlreiche Topwissenschaftler aus dem Ausland kommen über die Humboldt-Professur an deutsche Universitäten, den mit fünf Millionen Euro höchstdotierten Forschungspreis Deutschlands, vergeben von der Humboldt-Stiftung.

Mit Förderung ins Ausland gingen 14.359 deutsche Wissenschaftler – wichtige Unterstützer sind dabei die Deutsche Forschungsgemeinschaft (DFG), das europäische Marie-Curie-Programm und vor allem der Deutsche Akademische Austauschdienst (DAAD); von der weltweit größten Förderorganisation für den Austausch von Studierenden und Wissenschaftlern erhalten rund drei Viertel der geförderten Wissenschaftler ein Stipendium.

Deutschland will die internationale Wissenschaftskooperation ausbauen und vertiefen und sie zugleich auf eine andere Qualitätsebene heben. Als Grundlage dafür dient unter anderem die 2017 beschlossene neue Strategie der Bundesregierung zur Internationalisierung von Bildung, Wissenschaft und Forschung.

Forschung in internationalen Teams ist an deutschen Universitäten und wissenschaftlichen Instituten Alltag

Anspruchsvolle Neuausrichtung der Internationalisierungsstrategie

Die neue Internationalisierungsstrategie reagiert auf die zunehmende Globalisierung, die Digitalisierung, die Weiterentwicklung des Europäischen Forschungsraums und die Herausbildung neuer, globaler Innovationszentren außerhalb der etablierten Wissenschaftsstandorte. Im Mittelpunkt stehen die Förderung internationaler Vernetzung, die weltweite Kooperation in der beruflichen Bildung, die Partnerschaft mit Entwicklungs- und Schwellenländern sowie die länderübergreifenden Anstrengungen bei der Bewältigung globaler Herausforderungen wie Klimawandel, Gesundheit und Ernährungssicherheit. Bei der Stärkung von Deutschlands Position als international attraktiver Studien- und Forschungsstandort spielt die Vertiefung des Europäischen Forschungsraums (EFR) eine besondere Rolle. ∎

THEMA
ENGAGIERTE AUSSENWISSENSCHAFTSPOLITIK

Der Wissenschafts- und Hochschulaustausch ist eine tragende Säule der Auswärtigen Kultur- und Bildungspolitik (AKBP). Wichtige Partner des Auswärtigen Amts bei der Umsetzung sind dabei der Deutsche Akademische Austauschdienst (DAAD), die Alexander von Humboldt-Stiftung, das Deutsche Archäologische Institut (DAI) und die international agierenden Stiftungen der politischen Parteien. Die Initiative Außenwissenschaftspolitik hat seit 2009 bewährte Instrumente ausgebaut und sie um neue Maßnahmen erweitert. So werben weltweit fünf Deutsche Wissenschafts- und Innovationshäuser (DWIH) in Moskau, Neu-Delhi, New York, São Paulo und Tokio für die Wissenschaftszusammenarbeit mit Deutschland. Die Häuser sind ein weltweit einzigartiges Modell und verstehen sich als Schaufenster des Forschungs- und Innovationsstandorts Deutschland.

\# ZAHL

183,5 Mio.

Euro trug das Auswärtige Amt im Jahr 2017 zum Haushalt des Deutschen Akademischen Austauschdienstes (DAAD) bei. Mit 34,8 Prozent ist dies der größte Einzelposten. Umgesetzt werden dafür die unterschiedlichsten Projekte und Programme im Rahmen der Auswärtigen Kultur- und Bildungspolitik.

Zudem wurde seit 2009 die Arbeit von vier neu geschaffenen Exzellenzzentren in Russland, Thailand, Chile und Kolumbien über den DAAD gefördert: Die Zentren vernetzen Hunderte internationale Wissenschaftler mit der deutschen Forschung und bilden akademischen Nachwuchs auf höchstem Niveau aus. Auch sind in Subsahara-Afrika seit 2008 zehn Fachzentren eingerichtet worden, die für neue Forschungskapazitäten und eine verbesserte Ausbildungsqualität stehen.

Akademische Zusammenarbeit mit Krisen- und Konfliktregionen

Ein zentrales Anliegen der Auswärtigen Kultur- und Bildungspolitik ist es, in Krisenzeiten und -regionen sowie in Transformationsländern den Zugang zu Bildung und Forschung zu ermöglichen und damit wissenschaftliche und akademische Perspektiven zu schaffen. Mit diesem komplexen Engagement wird die Hoffnung verknüpft, dass die Zusammenarbeit in Forschung und Hochschulbildung den Boden bereiten kann, auf dem politische Verständigung und damit Krisenprävention und Krisenbewältigung häufig erst möglich werden.

Stärkung der Wissenschaftsfreiheit

Folgen der zahlreichen Krisen und Konflikte der jüngeren Vergangenheit sind, dass jungen Menschen der Weg zu Bildung verwehrt

Bundesaußenminister Maas (Mitte) mit Alumni des DAAD-Programms „Führungskräfte für Syrien"

bleibt, aber auch dass die Wissenschaftsfreiheit immer stärker unter Druck gerät. Als Reaktion finanziert das Auswärtige Amt die Philipp Schwartz-Initiative der Alexander von Humboldt-Stiftung, die gefährdeten Forschern das Arbeiten in Deutschland ermöglicht. Auch hat der DAAD zusammen mit dem Auswärtigen Amt 2014 das Programm „Führungskräfte für Syrien" aufgelegt, mit dem 221 syrische Stipendiaten zum Studium nach Deutschland kamen und ihren Abschluss machen konnten. Das Auswärtige Amt fördert darüber hinaus Sur-Place-Stipendienprogramme für Flüchtlinge in Erstaufnahmeländern. Hier ist insbesondere die Deutsche Akademische Flüchtlingsinitiative Albert Einstein (DAFI) zu nennen, die das Auswärtige Amt gemeinsam mit dem Flüchtlingshilfswerk der Vereinten Nationen (UNHCR) durchführt. Hinzu kommen weitere Sur-Place-Stipendien des DAAD.

Die deutschen Bildungs- und Wissenschaftseinrichtungen schaffen damit Perspektiven und halten Zugänge dort offen, wo hochschul- und forschungspolitische Rahmenbedingungen schwierig sind. Der DAAD hat außerdem mit dem Bundesministerium für Bildung und Forschung die Programme „Integra – Integration von Flüchtlingen ins Fachstudium" und „Welcome – Studierende engagieren sich für Flüchtlinge" aufgelegt.

Mit mehreren arabischen Ländern unterhält Deutschland seit 2011 zudem eine Transformationspartnerschaft, die Reformbestrebungen an arabischen Universitäten durch Kooperationsprojekte mit deutschen Hochschulen unterstützt. Ein besonders wichtiges Feld sind zudem die zahlreichen Programme im Bereich „Good Governance", die sich an künftige Führungskräfte aus Krisenregionen weltweit wenden. ■

PANORAMA
EXZELLENTE FORSCHUNG

Rosetta-Sonde
Zehn Jahre war die
Sonde unterwegs,
um Philae auf dem
Kometen Tschurju-
mow-Gerassimenko
abzusetzen.

Mission Rosetta
Die Mission der europäischen Weltraumorgani-
sation ESA erforschte die Entstehungsgeschichte
unseres Sonnensystems. Das DLR hatte großen
Anteil beim Bau der Landeeinheit Philae und betreibt das Kontrollzentrum, das die bisher nie
gewagte Landung auf einem Kometen betreute.

Philae Lander

Philae Lander
Philae setzte als erster
Apparat weich auf
einem Kometen auf.

6 Kräne
9 Winden

Gewicht:	100 kg
Dimension:	1 x 1 x 0,8 m
Landung:	12. November 2014

Neumayer-Station III
Im ewigen Eis der Antarktis betreibt das Alfred-Wegener-
Institut die Forschungsstation Neumayer III, in der
ganzjährig Wissenschaftler leben und arbeiten. Sie steht
auf Stelzen und wächst mit der Schneedecke mit.

Masse:	2.300 Tonnen
Größe:	68 x 24 m
Nutzfläche:	4.890 m² über vier Etagen
Labor/Büro:	12 Räume
Unterkünfte:	15 Räume, 40 Betten

399
Hochschulen
und Universitäten

2,8 Mio.
Studierende an
Hochschulen

92,2 Mrd. €
Ausgaben für Forschung
und Entwicklung

586.030
Forscherinnen und
Forscher

Forschungsschiff Sonne

Die Sonne ist das jüngste Schiff der deutschen Forschungsflotte und seit Ende 2014 vor allem im Pazifik und im Indischen Ozean den Geheimnissen der Tiefsee auf der Spur. Das Hightech-Schiff gilt als eines der modernsten Forschungsschiffe der Welt.

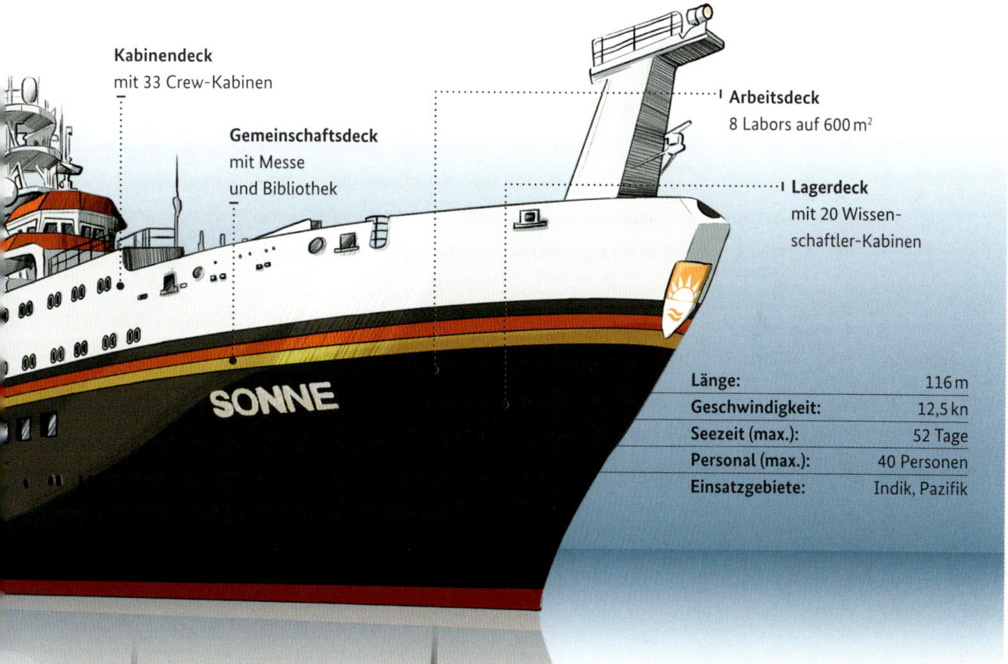

Kabinendeck
mit 33 Crew-Kabinen

Gemeinschaftsdeck
mit Messe
und Bibliothek

Arbeitsdeck
8 Labors auf 600 m²

Lagerdeck
mit 20 Wissen-
schaftler-Kabinen

Länge:	116 m
Geschwindigkeit:	12,5 kn
Seezeit (max.):	52 Tage
Personal (max.):	40 Personen
Einsatzgebiete:	Indik, Pazifik

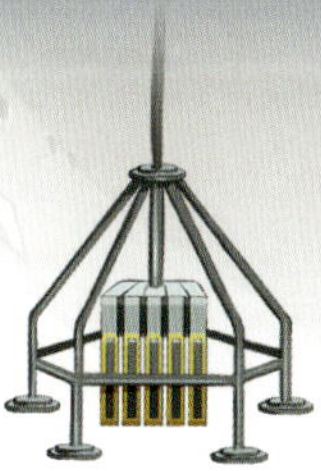

Multicorer
Er kann gleichzeitig viele kleine Proben vom Meeresboden ausstechen.

Wasserschöpfkranz
Das Gerät nimmt Wasserproben und misst Temperatur und Tiefe.

Unterwasserfahrzeug
Es ist ferngesteuert und mit Videokamera und Greifarmen ausgerüstet.

81
Max-Planck-
Institute weltweit

72
Fraunhofer-
Institute

93
Forschungseinrichtungen
der Leibniz-Gemeinschaft

18
Forschungszentren der
Helmholtz-Gemeinschaft

THEMA
ATTRAKTIVES SCHULSYSTEM

In Deutschland liegt die Zuständigkeit für das Schulwesen vor allem bei den 16 Ländern. Daher gibt es unterschiedliche Bildungssysteme, -pläne und Schulformen. Die Ständige Konferenz der Kultusminister der Länder (KMK) sichert die Übereinstimmung oder Vergleichbarkeit der Bildungsgänge und ihrer Abschlüsse. Im Schuljahr 2016/2017 besuchten knapp 11 Millionen Schülerinnen und Schüler die 42.322 allgemeinbildenden und beruflichen Schulen, an denen 798.180 Lehrkräfte unterrichten. Darüber hinaus lernen rund 990.402 Schüler an den 5.836 allgemeinbildenden und beruflichen Privatschulen. Generell gilt für alle Kinder ab sechs Jahren eine neunjährige Schulpflicht. Zugleich ist die Förderung der frühkindlichen Bildung im Vorschulalter und ihre Verzahnung mit dem Primarschulbereich ein bildungspolitisches Anliegen mit hoher Priorität. Rund 20.000 Ganztagsschulen sind mittlerweile fest in der Bildungslandschaft verankert. Mit dem Unterricht an diesen Schulen verbindet sich die Erwartung auf mehr Chancengleichheit, vor allem für Kinder aus bildungsfernen Schichten.

Der Besuch öffentlicher Schulen ist kostenfrei. Das Schulsystem gliedert sich vertikal in drei Stufen: den Primarbereich sowie die Sekundarstufen I und II. In der Regel besuchen alle Kinder eine gemeinsame Grundschule, die von Jahrgangsstufe 1 bis 4 reicht (Berlin und Brandenburg: 1 bis 6). Danach gibt es drei weiterführende Standard-Bildungsgänge: den Hauptschulbildungsgang (Klassen 5 bis 9 bzw. 10), den Realschulbildungsgang (Klassen 5 bis 10, Abschluss Mittlere Reife) und den gymnasialen Bildungsgang (Klassen 5 bis 12 oder 13, Abschluss: Allgemeine Hochschulreife/Abitur). Sie werden entweder in getrennten Schularten angeboten oder in Schulen, die zwei oder – wie die Gesamtschulen – drei der Bildungsgänge vereinen und Wechsel zwischen den einzelnen Schularten erleichtern. Die Bezeichnung für die Schularten unterscheidet sich je nach Land, nur das Gymnasium wird einheitlich unter diesem Namen geführt. 2017 erwarben rund 440.000 Schüler die Hochschul- oder Fachhochschulreife. Für

🌐 **GLOBAL**

PISA-Studie Die Anfang 2018 veröffentlichte Sonderauswertung der internationalen Vergleichsstudie Programme for International Student Assessment (PISA) der OECD zeigte, dass die Leistungsunterschiede zwischen sozial bessergestellten und sozial benachteiligten Schülerinnen und Schülern in Deutschland noch groß sind, ebenso der statistische Zusammenhang zwischen Leistung und sozialer Herkunft.
Der Trend aber ist positiv:
Die Chancengleichheit hat in Deutschland zugenommen.
→ oecd.org/pisa

Rund 9 Millionen Schülerinnen und Schüler lernen an den allgemeinbildenden Schulen

Kinder mit sonderpädagogischem Förderbedarf gibt es entsprechend ihrer Behinderung Sonder- oder Förderschulen. Allerdings soll das gemeinsame Lernen von Kindern mit und ohne Behinderung entsprechend der Behindertenrechtskonvention zur Regel werden.

Die 140 Deutschen Auslandsschulen stehen in 72 Ländern für eine exzellente Ausbildung. Rund 22.000 deutsche und 60.000 nichtdeutsche Schüler lernen hier gemeinsam. Die Schulen werden meist in privater Trägerschaft geführt, aber über die Zentralstelle für das Auslandsschulwesen (ZfA) personell und finanziell gefördert. Seit 2008 arbeitet die vom Auswärtigen Amt koordinierte Initiative „Schulen: Partner der Zukunft" (PASCH) zusammen mit der ZfA und dem Goethe-Institut an einem noch größeren Netzwerk der Deutschlerner. Sie verbindet weltweit fast 2.000 Schulen, an denen mehr als 500.000 Schülerinnen und Schüler Deutsch lernen. ∎

GESELLSCHAFT

Bereichernde Vielfalt • Zuwanderung gestalten • Plurale Lebensformen •
Engagierte Zivilgesellschaft • Starker Sozialstaat • Vielseitige Freizeit • Freie Religionsausübung

EINBLICK
BEREICHERNDE VIELFALT

Deutschland ist mit rund 82,6 Millionen Einwohnern die bevölkerungsreichste Nation der Europäischen Union. Das moderne, weltoffene Land hat sich zu einem wichtigen Einwanderungsland entwickelt. Gut 18,6 Millionen Menschen in Deutschland haben einen Migrationshintergrund. Deutschland gehört mittlerweile zu den Ländern mit den liberalsten Zuwanderungsregeln. Nach einer Studie der Organisation für wirtschaftliche Zusammenarbeit und Entwicklung (OECD) von 2017 ist es nach den USA das beliebteste Einwanderungsland.

Die meisten Menschen in Deutschland verfügen über einen international betrachtet hohen Lebensstandard und über entsprechende Freiräume zur individuellen Lebensgestaltung. Der Human Development Index 2016 der Vereinten Nationen platziert Deutschland auf Rang 4 von 188 Ländern. Im Nation

Brands Index 2017, einer internationalen Umfrage zum Image von 50 Ländern, belegt Deutschland Platz eins – auch wegen seiner guten Werte in den Bereichen Lebensqualität und soziale Gerechtigkeit. Deutschland versteht sich als Sozialstaat, der die Absicherung aller Bürgerinnen und Bürger als vorrangige Aufgabe begreift.

Die Gesellschaft ist geprägt durch einen Pluralismus von Lebensstilen und die Vielfalt ethno-kultureller Prägungen. Neue Lebensformen und Lebenswirklichkeiten verändern den gesellschaftlichen Alltag. Zuwanderer bereichern das Land durch neue Perspektiven und Erfahrungen. Gegenüber alternativen Lebensentwürfen und unterschiedlichen sexuellen Orientierungen herrscht eine gesellschaftliche Offenheit und Akzeptanz. Die Gleichstellung von Frauen und Männern schreitet voran, traditionelle Rollenzuwei- ▶

VIDEO  AR-APP

Gesellschaft in Deutschland: das Video
zum Thema: → **tued.net/de/vid6**

Ein hoher Lebensstandard und große individuelle Freiräume prägen die Lebensqualität in Deutschland

▶ sungen sind aufgebrochen. Menschen mit Behinderung haben immer stärker teil am gesellschaftlichen Leben.

Kaum eine Entwicklung wird Deutschland in Zukunft so prägen wie der demografische Wandel: Die Geburtenrate ist zuletzt leicht gestiegen, liegt aber dennoch bei vergleichsweise niedrigen 1,5 Kindern pro Frau. Zugleich steigt die Lebenserwartung. Bis 2060 wird die Einwohnerzahl Deutschlands sinken – je nach Stärke der Zuwanderung auf bis zu 67,6 Millionen, so das Statistische Bundesamt. Der wachsende Anteil älterer Menschen stellt zugleich die sozialen Sicherungssysteme vor neue Herausforderungen.

Der sozioökonomische Wandel der vergangenen Jahre hat in Deutschland zum Entstehen neuer sozialer Risikolagen und zu einer sich abzeichnenden stärkeren Auffächerung der Gesellschaft nach ökonomischen Lebensverhältnissen geführt. Zwar waren 2017 so wenige Menschen arbeitslos wie zuletzt 1991 – im Durchschnitt 2,5 Millionen: Gleichwohl ist fast jeder Fünfte in Deutschland von Armut bedroht, speziell junge Menschen und Alleinerziehende sind gefährdet. Auch zwischen Ost und West gibt es weiterhin soziale Unterschiede. ■

➜ NETZ

Deutsch plus
Interdisziplinäres Netzwerk und
Initiative für eine plurale Republik
→ **deutsch-plus.de**

Make it in Germany
Mehrsprachiges Willkommensportal
für internationale Fachkräfte
→ **make-it-in-germany.com**

Human-Development-Berichte
Wo steht Deutschland im weltweiten
Vergleich?
→ **hdr.undp.org**

Der demografische Wandel stellt das Land vor große Herausforderungen

AKTEURE & INSTRUMENTE

Bundesamt für Migration und Flüchtlinge

Das Bundesamt bietet alle Informationen über den Aufenthalt in Deutschland und entscheidet über Asylanträge.

→ bamf.de

Deutsche Islam Konferenz

Seit 2006 besteht mit der Deutschen Islam Konferenz (DIK) ein langfristig angelegter Dialog zwischen dem deutschen Staat und den in Deutschland lebenden Muslimen.

→ deutsche-islam-konferenz.de

Nationaler Aktionsplan Integration

Deutschland will ein Integrationsland sein, daher ist das Thema seit 2005 ein Arbeitsschwerpunkt der Bundesregierung. Der Integrationsgipfel findet jährlich statt.

→bundesregierung.de

Meinungsforschungsinstitute

Mehrere etablierte Meinungsforschungsinstitute erfragen regelmäßig die Einstellungen der Deutschen und veröffentlichen Hochrechnungen an Wahltagen. Zu den bekanntesten gehören die Forschungsgruppe Wahlen, FORSA, EMNID, Infratest DIMAP und das Institut für Demoskopie Allensbach.

Bundesfreiwilligendienst

Das Angebot richtet sich an Frauen und Männer, die sich für das Allgemeinwohl engagieren wollen – im sozialen, ökologischen, kulturellen Bereich oder in Sport, Integration oder Zivil- und Katastrophenschutz.

→ bundesfreiwilligendienst.de

Bundesagentur für Arbeit

Die nationale Arbeitsagentur ist zuständig für Arbeitsvermittlung und -förderung sowie finanzielle Ersatzleistungen.

→ arbeitsagentur.de

Stiftungen

Deutschland gehört in Europa zu den Ländern mit der höchsten Dichte an Stiftungen. Im Bundesdurchschnitt kommen auf 100.000 Einwohner 26,5 Stiftungen. Die bekannteste ist die Stiftung Warentest, die im staatlichen Auftrag Produkte vergleicht.

→ stiftungen.org

 **+ DIGITAL PLUS**

Mehr Informationen zu allen Themen des Kapitels – kommentierte Linklisten und Beiträge; dazu weiterführende Informationen zu Begriffen wie Demografischer Wandel, Soziale Sicherung, Generationenvertrag, Gleichberechtigung, Lebensstandard.

→ tued.net/de/dig6

THEMA

ZUWANDERUNG GESTALTEN

Deutschland ist als Zielland für Zuwanderer in die Weltspitze aufgerückt. Die Organisation für wirtschaftliche Zusammenarbeit und Entwicklung (OECD) stellte 2017 fest, dass Deutschland nach den USA weiterhin das beliebteste Einwanderungsland weltweit ist. In keinem der 35 OECD-Länder ist die Zuwanderung in den vergangenen Jahren so stark gestiegen wie in Deutschland. 2015 war die Zahl der zugezogenen Ausländer mit zwei Millionen so hoch wie nie zuvor. Viele der Menschen kamen als Schutzsuchende: Vor allem Kriege und Konflikte, zum Beispiel in Syrien und in Irak, führten dazu, dass viele Menschen ihre Heimat verließen, um anderswo Schutz zu suchen. 2016 verzeichnete Deutschland noch rund 1,7 Millionen Zuwanderer, seitdem sinken die Zahlen wieder.

Die Bundesregierung setzt sich ein für die Reduzierung der Ursachen von Flucht und irregulärer Migration sowie für die aktive Gestaltung und Steuerung von Migrationsprozessen. Hierzu gehört die Rückkehr von Menschen ohne Bleibeperspektive in Deutschland und die Unterstützung der Reintegration in den Herkunftsländern. Insgesamt lebten 2016 rund 10 Millionen Menschen mit ausländischem Pass in Deutschland. 18,6 Millionen Personen hatten einen Migrationshintergrund. Zu ihnen zählen Zuwanderer, in Deutschland geborene Ausländer und Personen mit einem zugewanderten oder ausländischen Elternteil. Diese Gruppe entspricht einem Anteil von über 22 Prozent der Gesamtbevölkerung. 9,6 Millionen Personen mit Migrationshintergrund hatten einen deutschen Pass. Von ihnen besaßen 42 Prozent die deutsche Staatsangehörigkeit seit ihrer Geburt. Weitere 33 Prozent sind selbst als (Spät-)Aussiedler nach Deutschland zugewandert und die übrigen 25 Prozent sind eingebürgert. Allein 2016 wurden knapp 110.400 Ausländerinnen und Ausländer eingebürgert. ▶

〜 **DIAGRAMM**   Bevölkerung nach Migrationsstatus 2016

Moderne Einwanderungsgesellschaft
Deutschland ist das zweitbeliebteste Einwanderungsland nach den Vereinigten Staaten: 2016 hatten rund 18,6 Millionen Menschen in Deutschland einen Migrationshintergrund. Etwa vier bis fünf Millionen Muslime leben in Deutschland – rund die Hälfte von ihnen bezeichnet sich selbst als religiös, dies entspricht etwa zweieinhalb bis drei Prozent der Bevölkerung.

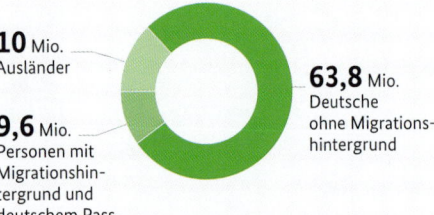

10 Mio.
Ausländer

9,6 Mio.
Personen mit Migrationshintergrund und deutschem Pass

63,8 Mio.
Deutsche ohne Migrationshintergrund

Statistisches Bundesamt

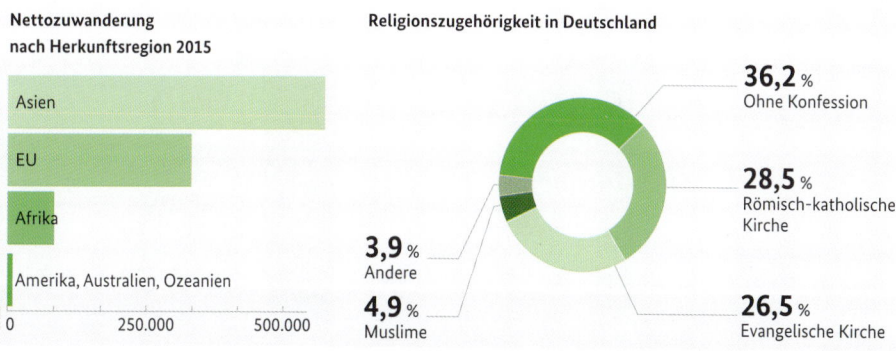

In Deutschland haben 18,6 Millionen Menschen einen Zuwanderungshintergrund

**Nettozuwanderung
nach Herkunftsregion 2015**

Asien

EU

Afrika

Amerika, Australien, Ozeanien

0　　　　　250.000　　　　500.000

BAMF

Religionszugehörigkeit in Deutschland

36,2%
Ohne Konfession

28,5%
Römisch-katholische
Kirche

3,9%
Andere

4,9%
Muslime

26,5%
Evangelische Kirche

▶ **Migranten leisten** einen bedeutenden Beitrag zur gesellschaftlichen und wirtschaftlichen Entwicklung in Deutschland. Der wachsende Bedarf an Fachkräften führt zunehmend gut qualifizierte Migranten ins Land. Die Bundesregierung möchte weitere Zuwanderung ermöglichen, auch um dem Fachkräftemangel entgegenzuwirken, der sich aus dem demografischen Wandel ergibt. Ergänzend zur verstärkten Aktivierung des inländischen Potenzials von Erwerbspersonen und zur Zuwanderung aus EU-Staaten sieht die Bundesregierung auch in der Fachkräftezuwanderung aus Drittstaaten einen Weg, um der demografischen Entwicklung entgegenzusteuern und einen Beitrag zur Fachkräftesicherung zu leisten.

Hochqualifizierte erhalten mit der Blauen Karte EU vereinfacht Zugang zum deutschen Arbeitsmarkt. Auch Fachkräfte aus Nicht-EU-Staaten mit einer anerkannten Berufsausbildung in bestimmten Engpassberufen, zum Beispiel den Gesundheits- und Pflegeberufen, können zur Beschäftigung nach Deutschland kommen. Um das Potenzial in vollem Umfang auszuschöpfen, soll ein geplantes Gesetzeswerk die Regelungen zur Einwanderung miteinander verknüpfen.

Integration als wichtige Aufgabe der Migrationspolitik

Die Integrationspolitik ist ein zentrales Politikfeld in Deutschland und wird als eine gesamtgesellschaftliche Aufgabe angesehen. Integration ist ein Angebot, aber auch eine Verpflichtung zu eigener Anstrengung. Sie kann nur als wechselseitiger Prozess gelingen. Nach dem Aufenthaltsgesetz haben diejenigen Ausländer, die rechtmäßig und auf Dauer im Bundesgebiet leben, Anspruch auf Integrationsleistungen des Bundes. Diese Leistungen dienen der Sprachvermittlung, der Integration in Ausbildung, Arbeit und Bildung sowie der gesellschaftlichen Integration. Ziel ist, die Menschen in die Gesellschaft einzubeziehen und ihnen Teilhabe zu ermöglichen. Als zentrale Maßnahme wird der Integrationskurs angeboten, der aus einem Sprachkurs und einem Orientierungskurs besteht.

⬚ WEGMARKEN

1955
Starkes Wirtschaftswachstum führt Mitte der 1950er-Jahre zu Arbeitskräftemangel in Deutschland. Anwerbeverträge mit Italien, Spanien, Griechenland, der Türkei, Marokko, Portugal, Tunesien, Jugoslawien folgen.

1964
Der millionste Arbeitsmigrant, „Gastarbeiter" genannt, wird willkommen geheißen. Mit der Ölkrise im Jahr 1973 setzt ein Anwerbestopp ein. Etwa vier Millionen ausländische Menschen leben nun in Deutschland.

1990
Mit dem Fall des Eisernen Vorhangs sowie den Kriegen in „Ex-Jugoslawien" nimmt die Zuwanderung 1990 rasant zu. Zudem ziehen 400.000 Deutschstämmige aus Mittel- und Osteuropa nach Deutschland.

Mehr als 30 Prozent der 20- bis 34-jährigen ausländischen Erwachsenen bleiben ohne Berufsabschluss. Ihre Bildungsbeteiligung zu erhöhen ist ein wichtiges Ziel der Bundesregierung. Mit der Reform des Staatsbürgerschaftsrechts 2014 wurde die doppelte Staatsbürgerschaft eingeführt. Für in Deutschland nach 1990 geborene und aufgewachsene Kinder ausländischer Eltern wurde die „Optionspflicht" abgeschafft: Zuvor mussten sie sich bis zum vollendeten 23. Lebensjahr für eine Staatsangehörigkeit entscheiden.

Schutz für Flüchtlinge und politisch Verfolgte

Das Grundgesetz sichert politisch Verfolgten ein Grundrecht auf Asyl. Deutschland bekräftigt damit seine historische und humanitäre Verantwortung. Im Jahr 2015 – im Zuge der sogenannten „Flüchtlingskrise" – kamen 890.000 Menschen auf der Suche nach Schutz nach Deutschland, 2016 haben rund 746.000 Personen hier einen Asylantrag gestellt. Inzwischen ist die Zahl der Schutzsuchenden in Deutschland wieder rückläufig, 2017 wurden rund 223.000 Asylanträge gestellt, von Januar bis April 2018 waren es rund 64.000. Deutschland setzt sich für eine solidarische europäische Lösung der Flüchtlingsfrage ein. Die Bundesregierung engagiert sich zugleich auch für die Verbesserung des Flüchtlingsschutzes und die Unterstützung für Flüchtlinge in ihren Aufnahmeländern. ∎

 **GLOBAL**

OECD-Studie zur Integration von Einwanderern Deutschland ist es in den vergangenen Jahren gelungen, Einwanderer immer besser in den Arbeitsmarkt zu integrieren. Bei Kindern von im Ausland geborenen Eltern bestehen jedoch weiterhin signifikante Defizite. Das ist das Ergebnis einer internationalen Vergleichsstudie der Organisation für wirtschaftliche Zusammenarbeit und Entwicklung (OECD) mit dem Titel „Indikatoren von Zuwanderung 2015".
→ oecd.org

1997
Seit Mitte der 1980er-Jahre kommen neben Arbeitsmigranten zunehmend Asylsuchende nach Deutschland. Das Dubliner Übereinkommen regelt von 1997 an die Zuständigkeit der europäischen Staaten bei Asylverfahren.

2005
Mit dem „Mikrozensus" besteht erstmals die Möglichkeit, den Migrationshintergrund in der Bevölkerung differenziert abzubilden. Im Jahr 2015 hat demnach jeder Fünfte in Deutschland einen Migrationshintergrund.

2014
Mehr als 200.000 Menschen beantragen im Jahr 2014 in Deutschland Asyl. Erstmals zieht fast eine halbe Million Menschen mehr nach Deutschland, als im gleichen Zeitraum aus der Bundesrepublik abwandern.

THEMA
PLURALE LEBENSFORMEN

Auch in der individualisierten und hoch mobilen Welt des 21. Jahrhunderts kommt der Familie eine zentrale Bedeutung zu. Für fast acht von zehn Deutschen ist die Familie weiterhin die wichtigste soziale Institution und prägende Bezugsgruppe. Gleichzeitig verändert sich die Vorstellung darüber, wie eine Familie typischerweise aussieht, zunehmend. Nur knapp die Hälfte der Menschen in Deutschland lebt noch in einer Familie. Trotz der rückläufigen Entwicklung traditioneller Familienstrukturen waren Ehepaare mit minderjährigen Kindern 2016 mit knapp 70 Prozent die häufigste Familienform. Die Zahl der Eheschließungen stieg zuletzt wieder leicht, 2016 lag sie bei 410.000. Etwas mehr als jede dritte Ehe wird wieder geschieden. Die durchschnittliche Dauer der 2016 geschiedenen Ehen betrug 15 Jahre. Rund 46.000 Ehen wurden 2015 zwischen Deutschen und Ausländern geschlossen.

Deutlich steigt die Zahl der Paare mit Kindern in nichtehelichen Lebensgemeinschaften. Zwischen 1996 und 2013 verdoppelte sich ihr Anteil an den heute 11,6 Millionen Familien; fast jedes zehnte Paar mit Kind ist unverheiratet. Familien mit nur einem Elternteil sind eine ebenfalls wachsende Familienform. Alleinerziehende bilden inzwischen ein Fünftel aller Eltern-Kind-Konstellationen: Fast neun von zehn der 2,7 Millionen Alleinerziehenden sind Frauen. Alleinerziehende sind häufig erheblichen Armutsrisiken ausgesetzt,

mehr als die Hälfte von ihnen beziehen staatliche Unterstützungsleistungen.

Zu den an Bedeutung gewinnenden Lebensformen gehören die gleichgeschlechtlichen Partnerschaften. 2015 wohnten in Deutschland 94.000 homosexuelle Paare zusammen – über die Hälfte mehr als zehn Jahre zuvor. Rund 43.000 von ihnen leben in einer eingetragenen Partnerschaft, die seit 2001 gleichgeschlechtlichen Paaren eine rechtliche Absicherung ihrer Beziehung ermöglicht. 2017 beschloss der Bundestag die sogenannte „Ehe für alle". Homosexuelle Paare haben jetzt das Recht auf eine vollwertige Eheschließung und damit beispielsweise auch auf die Adoption von Kindern.

Während einerseits neue Formen des Zusammenlebens entstehen, wächst die Zahl der Ein-Personen-Haushalte. 41 Prozent aller Privathaushalte sind Single-Haushalte. Diese Entwicklung ist einerseits Folge des demografischen Wandels, durch den sich die Zahl der alleinlebenden älteren Menschen erhöht, andererseits leben auch mehr junge Menschen als Single.

Gezielte Familienförderung durch Elternzeit und Elterngeld

In den innerfamiliären Strukturen verändern sich Koordinaten ebenfalls. Die generationellen Beziehungen zwischen Eltern und

Familie hat einen hohen Stellenwert – inzwischen nehmen auch viele Väter Elternzeit in Anspruch

Kindern sind oft gut und werden meist nicht durch überkommene oder autoritäre Erziehungsmuster, sondern durch Mitsprache, Zuwendung, Förderung und Erziehung zur Selbstständigkeit geprägt. Der Anteil der berufstätigen Mütter ist auf über 66 Prozent gestiegen (2006: 61 Prozent). Mehr als 70 Prozent der erwerbstätigen Frauen mit Kindern arbeiten indes auf Teilzeitbasis, vor allem jene mit Kindern im Vorschulalter; bei den erwerbstätigen Vätern sind dies lediglich 5 Prozent. 2014 lag die Erwerbstätigenquote der Frauen in Deutschland bei 74 Prozent deutlich über dem EU-Durchschnitt (68,5 Prozent).

Die 2007 eingeführte Elternzeit macht die Familiengründung und die berufliche Weiterentwicklung leichter miteinander vereinbar. Die Elternzeit erlaubt es beiden Partnern, die Arbeit für bis zu drei Jahre ruhen zu lassen. Während der Elternzeit erhalten sie bis ▶

Neue Formen des Zusammenlebens, etwa in gleichgeschlechtlichen Partnerschaften, sind akzeptiert

▶ zu 14 Monate lang Elterngeld in Höhe von 67 Prozent des letzten Nettoeinkommens – mindestens 300, maximal 1.800 Euro – zur Sicherung des Lebensunterhaltes.

75 Prozent der Deutschen empfinden das Elterngeld als eine gute Regelung, fast alle Eltern nutzen das Angebot. Allerdings nehmen vier von fünf Vätern lediglich den Mindestzeitraum von zwei Monaten frei. Weiterhin sind es vor allem die Mütter, die nach der Geburt des Kindes längere Zeit zu Hause bleiben. Mit dem 2015 ergänzten Elterngeld Plus lohnt sich der frühe Wiedereinstieg in den Beruf für sie nun mehr. Eltern, die in Teilzeit arbeiten, bekommen dadurch bis zu 28 Monate lang finanzielle Unterstützung.

Seit dem 1. August 2013 haben Kinder nach dem ersten Lebensjahr einen Rechtsanspruch auf einen Betreuungsplatz. Mittlerweile be-

sucht jedes dritte Kind unter drei Jahren – 2017 waren dies insgesamt 763.000 Kinder – eine der 55.000 Kindertagesstätten (Kitas) oder wird von einer der 44.000 Tagesmütter betreut. Seit 2006 hat sich die Zahl der Betreuungsplätze für unter Dreijährige mehr als verdoppelt.

Elternzeit, Elterngeld und verbesserte Rahmenbedingungen für die frühkindliche und vorschulische Betreuung schaffen weitere Voraussetzungen für die im Grundgesetz festgeschriebene Gleichberechtigung von Frauen. Während junge Frauen im Bildungsbereich die jungen Männer nicht nur eingeholt, sondern zum Teil überholt haben (2017: 53,1 Prozent Frauen mit Hochschulreife, 2016: 50,5 Prozent Frauen unter den Studienanfängern), bestehen zwischen den Geschlechtern nach wie vor Unterschiede bei Verdienstchancen und Karrierewegen: Vollzeitbeschäftigte

Frauen verdienen durchschnittlich nur etwa 79 Prozent des Gehalts ihrer männlichen Kollegen. In Leitungspositionen sind sie weiterhin unterrepräsentiert. Heute ist etwa jeder siebte Vorstandsposten in DAX-Unternehmen von einer Frau besetzt.

Seit 2015 gilt in der Privatwirtschaft und im öffentlichen Dienst das Gesetz für die gleichberechtigte Teilhabe von Frauen und Männern an Führungspositionen. Es legt unter anderem fest, dass 30 Prozent der Posten in Aufsichtsräten börsennotierter Unternehmen mit Frauen besetzt sein müssen. Die Bundesregierung hat zudem in ihrem Koalitionsvertrag 2018 das Ziel der gleichberechtigten Teilhabe von Frauen und Männern in Leitungsfunktionen des öffentlichen Dienstes bis 2025 festgeschrieben. Zuletzt wieder gesunken ist der Anteil der Frauen im Bundestag: Derzeit liegt er bei 30,9 Prozent. Allerdings: Bis 1983 gab es weniger als 10 Prozent weibliche Abgeordnete.

Behinderungen unterzeichnet. Ein Nationaler Aktionsplan regelt die Umsetzung. Er sieht unter anderem vor, schwerbehinderte Jugendliche intensiv auf das Berufsleben vorzubereiten. Über den Aktionsplan hinaus ist ein Bundesteilhabegesetz entstanden und 2017 verabschiedet worden.

Eine weitere Gruppe, deren Bedürfnisse und Potenziale die Bundesregierung besonders im Blick hat, sind die älteren Menschen. Mehr als jeder Fünfte in Deutschland ist 65 Jahre und älter. Ihr Erfahrungsschatz gilt als ein Gewinn für die Gesellschaft. Ihre Lebensformen haben sich ebenfalls diversifiziert und verändert, insgesamt sind ältere Menschen heute wesentlich aktiver als früher. Häufig sind sie auch noch in den Arbeitsmarkt integriert. Einen intensiven Dialog zwischen Älteren und Jüngeren fördern die 540 Mehrgenerationenhäuser, die als Orte der Begegnung Menschen unterschiedlichen Alters zusammenbringen. ∎

Inklusion als eine wichtige gesellschaftliche Aufgabe

Chancengleichheit schaffen will die Bundesregierung auch für Menschen mit Behinderung. Ziel ist eine inklusive Gesellschaft, in der jeder überall dabei sein kann: in der Schule, im Beruf, in der Freizeit. Nötig ist dafür eine umfassende Barrierefreiheit – Hindernisse in Gebäuden, auf Straßen und Wegen sollen ebenso abgebaut werden wie soziale Hürden, beispielsweise beim Zugang zum Arbeitsmarkt. Deutschland hat 2007 als einer der ersten Staaten die Konvention der Vereinten Nationen über die Rechte von Menschen mit

 I N F O

Shell Jugendstudie Wie „ticken" Jugendliche in Deutschland? Was ist ihnen wichtig, wie verbringen sie ihre Freizeit, wie ist ihr Verhältnis zu Eltern und Freunden? Seit 1953 beauftragt der Mineralölkonzern Shell unabhängige Forschungsinstitute regelmäßig damit, ein Stimmungsbild der Jugend zu entwerfen. Die 17. Shell Jugendstudie ist 2015 erschienen.
→ shell.de/aboutshell/our-commitment/shell-youth-study.html

THEMA

ENGAGIERTE ZIVILGESELLSCHAFT

Rund 31 Millionen Deutsche engagieren sich in ihrer Freizeit ehrenamtlich und übernehmen Verantwortung für die Gesellschaft. Dieses Engagement ist oft langfristig – ein Drittel der Freiwilligen ist seit zehn Jahren aktiv. Fast 60 Prozent der Befragten des 14. Freiwilligensurveys der Bundesregierung wenden für ihr Ehrenamt wöchentlich bis zu zwei Stunden auf. Gemeinsam mit Wohlfahrtsverbänden, Kirchen, Genossenschaften, Hilfsorganisationen, gemeinnützigen Unternehmen und Privatinitiativen bilden die Mitglieder der mehr als 600.000 Vereine das Rückgrat des „dritten Sektors". Zivilgesellschaft kennzeichnet jenen Bereich der Gesellschaft, der nicht staatlich oder parteipolitisch ist, sondern sich freiwillig und öffentlich in gesellschaftlichen und politischen Fragen engagiert.

Vor allem Stiftungen haben eine kontinuierlich wachsende Bedeutung erlangt. Deutschland ist mit mehr als 21.000 rechtsfähigen Stiftungen bürgerlichen Rechts, der klassischen Rechtsform einer Stiftung, eines der stiftungsreichsten Länder Europas. Seit der Jahrtausendwende wurden rund 13.500 Stiftungen bürgerlichen Rechts errichtet, mehr als die Hälfte aller heute bestehenden Stiftungen dieser Art. Im Bundesdurchschnitt kommen auf 100.000 Einwohner 26,5 Stiftungen. Alle Stiftungen verfügen zusammen über ein Vermögen von etwa 68 Milliarden Euro. Sie geben rund 4,3 Milliarden für gemeinnützige Zwecke aus, traditionell für Soziales, Bildung, Wissenschaft und Kultur.

Die fünf größten privatrechtlichen Stiftungen, gemessen an ihren Ausgaben, sind die Volkswagen-Stiftung, die Robert-Bosch-Stiftung, die Bertelsmann-Stiftung, die Hans-Böckler-Stiftung und der WWF Deutschland.

Stark im Kommen sind Bürgerstiftungen, bei denen mehrere Bürger und Unternehmen gemeinsam als Stifter auftreten, um lokale oder regionale Vorhaben zu fördern. Erste Stiftungen dieser Art entstanden 1996. 2016 gab es bereits mehr als 300 vom Bundesverband Deutscher Stiftungen anerkannte Bürgerstiftungen. Das bürgerschaftliche Engagement hat in den vergangenen Jahren leicht zugenommen, es verlagert sich aber von den größeren Verbänden stärker hin zu kleinen, selbstorganisierten Gruppen und wechselnden Projekten. Gegenwärtig engagieren sich viele Menschen in Deutschland ehrenamtlich in lokalen Initiativen zur Unterstützung von Flüchtlingen.

Engagement in Parteien, Gewerkschaften und Nichtregierungsorganisationen

Eine eher strategische und politische Mitgestaltung erlaubt das gesellschaftspolitische Engagement in Parteien, Gewerkschaften und Nichtregierungsorganisationen. Auf diesem Weg eröffnet das Ehrenamt die Möglichkeit zu intensiver demokratischer Partizipation. Für die großen etablierten Organisationen wird es indes zunehmend schwieriger, Freiwillige zur Mitarbeit zu gewinnen.

Umweltschutz ist ein Thema, für das sich viele in ihrer Freizeit engagiert einsetzen

Ein besonderes Potenzial für ehrenamtliches Engagement liegt in der Altersgruppe der 14- bis 24-Jährigen. Dass junge Erwachsene bereit sind, sich gesellschaftlich einzubringen, zeigt das Interesse an Freiwilligendiensten. Seit 2011 gibt es den Bundesfreiwilligendienst. Er ist offen für alle Altersgruppen und ergänzt das seit mehr als 50 Jahren bestehende Modell des Freiwilligen Sozialen Jahrs für Jugendliche und junge Erwachsene. Anfang 2018 waren mehr als 43.000 Bundesfreiwillige im Dienst. Auch die freiwillige Arbeit im Ausland ist möglich, zum Beispiel über den Internationalen Freiwilligendienst des Bundesministeriums für Familie, Senioren, Frauen und Jugend, das Programm „Weltwärts" des Bundesministeriums für wirtschaftliche Zusammenarbeit und Entwicklung oder den Freiwilligendienst „Kulturweit" der Deutschen UNESCO-Kommission in Zusammenarbeit mit dem Auswärtigen Amt. ∎

THEMA
STARKER SOZIALSTAAT

Deutschland verfügt über eines der umfassendsten Sozialsysteme. Wie auch in anderen entwickelten Demokratien stellen die Sozialausgaben den größten Einzelposten der Staatsausgaben dar. Rund 918 Milliarden Euro wurden 2016 für öffentliche Sozialausgaben aufgewendet, was einem Anteil von 29 Prozent des Bruttoinlandprodukts (BIP) entspricht. Die wohlfahrtsstaatlichen Sozialsysteme haben eine Tradition, die bis in die Zeit der Industrialisierung Deutschlands in der zweiten Hälfte des 19. Jahrhunderts zurückreicht und mit dem damaligen Reichskanzler Otto von Bismarck in Verbindung gebracht wird. Unter Bismarck wurde 1883 zunächst die verpflichtende Krankenversicherung für Arbeiter eingeführt – mit der Sozialgesetzgebung, die in den darauf folgenden Jahren ausgebaut wurde, entstand die Basis einer sozialstaatlichen Orientierung. Im Grundgesetz der Bundesrepublik Deutschland wurde das Sozialstaatsprinzip in Artikel 20, Absatz 1 und im Artikel 28 verankert. Wie es ausgestaltet wird, müssen Politik und Gesellschaft dynamisch jeweils neu verhandeln; vor allem der demografische Wandel macht Anpassungen notwendig.

Soziales Netz zum Schutz vor existenziellen Risiken

Heute schützt ein eng gewebtes Netz aus gesetzlicher Kranken-, Renten-, Unfall-, Pflege- und Arbeitslosenversicherung die Bürger vor den Folgen existenzieller Risiken und Bedrohungen. Daneben umfasst das soziale Netz die Grundsicherung für Rentner und dauerhaft Erwerbsunfähige oder steuerliche Leistungen wie den Familienleistungsausgleich (Kindergeld, steuerliche Vergünstigungen). Nach einer weiteren Erhöhung Anfang 2018 erhalten Familien monatlich 194 Euro für das erste und zweite Kind, 200 Euro für das dritte und 225 Euro für weitere Kinder. Die im März 2018 geschlossene Große Koalition will das Kindergeld 2019 weiter erhöhen, und zwar um 25 Euro. Zudem sieht der Koalitionsvertrag vor, Kinderrechte im Grundgesetz zu verankern.

Das 2014 in Kraft getretene Rentenpaket verbessert vor allem die Situation älterer Menschen. Mit der Reform wurden unter anderem

 # ZAHL

32,6 Mio.

sozialversicherungspflichtig Beschäftigte zählte die Bundesagentur für Arbeit im Dezember 2017. Dies entspricht 75 bis 80 Prozent aller abhängig Beschäftigten in Deutschland. Nicht mitgezählt sind nicht sozialversicherungspflichtige Beamte, Selbstständige, unbezahlt mithelfende Familienangehörige und so genannte Mini-Jobber.
→ statistik.arbeitsagentur.de

Mit dem monatlichen Kindergeld fördert der Staat gezielt Familien – das vorschulische Betreuungsangebot wurde ausgebaut

die abschlagsfreie Rente ab 63 Jahren und die sogenannte Mütterrente eingeführt. Sie gilt als eine Anerkennung für die erbrachte Erziehungsleistung. Frauen, die vor 1992 geborene Kinder erzogen haben, hatten nicht die Betreuungsmöglichkeiten, wie Eltern sie heute haben, und damit auch weniger Chancen in der Arbeitswelt. Diese Erziehungsleistung wird mit der Mütterrente gewürdigt. Rund 9,5 Millionen Frauen (und wenige Männer) erhalten seit Juli 2014 pro Kind und Jahr über 300 Euro mehr Rente. Langjährig Rentenversicherte mit 45 Beitragsjahren wiederum können seit dem 1. Juli 2014 mit 63 Jahren ohne Abschläge in Altersrente gehen. Bis Ende Februar 2018 gab es rund 982.000 Anträge.

In Deutschland ist eine Krankenversicherung gesetzliche Pflicht. Die medizinische Versorgung wird durch ein breites Angebot an Krankenhäusern, Praxen und Reha-Einrichtungen gewährleistet. ∎

PANORAMA
VIELSEITIGE FREIZEIT

Beliebte Freizeitbeschäftigungen
Diese Aktivitäten üben von je 100 Befragten in Deutschland in ihrer Freizeit mindestens einmal pro Woche aus:

Fernsehen **97**

Radio hören
90

Telefonieren
von zu Hause
89

Surfen im Internet **73**

71
Gedanken
nachgehen

Telefonieren von
unterwegs
71

68
Zeit mit
dem Partner
verbringen

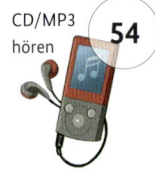

Ausschlafen
65

72
Zeitungen/
Zeitschriften lesen

64
Über wichtige
Dinge reden

Computer
61

61
Sich in Ruhe
pflegen

CD/MP3
hören **54**

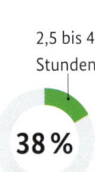

52
Kaffee trinken/
Kuchen essen

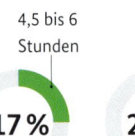

**Wie viel Freizeit
die Deutschen haben**
So viel Zeit bleibt an
einem Werktag, um zu
tun, was gefällt:

Weniger als 1 Stunde	1 bis 2 Stunden	2,5 bis 4 Stunden	4,5 bis 6 Stunden	Mehr als 6 Stunden
3 %	**18 %**	**38 %**	**17 %**	**23 %**

31 Mio.
In ihrer Freizeit
ehrenamtlich Tätige

43.000
Aktive im Bundes-
freiwilligendienst

24 Mio.
Mitglieder in einem
Sportverein

95 %
Private Haushalte, die im
Besitz von mindestens einem
Mobiltelefon sind

Wie lange ein Urlaub dauert
Durchschnittliche Reisedauer in Tagen:

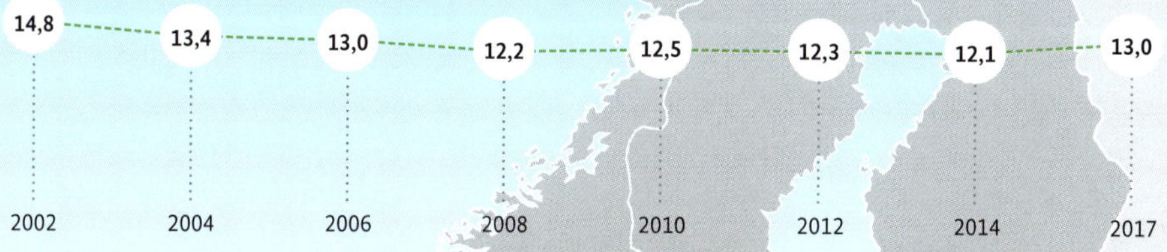

14,8	13,4	13,0	12,2	12,5	12,3	12,1	13,0
2002	2004	2006	2008	2010	2012	2014	2017

Beliebteste Urlaubsländer
Von 100 Reisenden aus Deutschland
wählten 2017 als Ziel für ihre Haupturlaubsreise (im Kreis: Veränderung zu 2014):

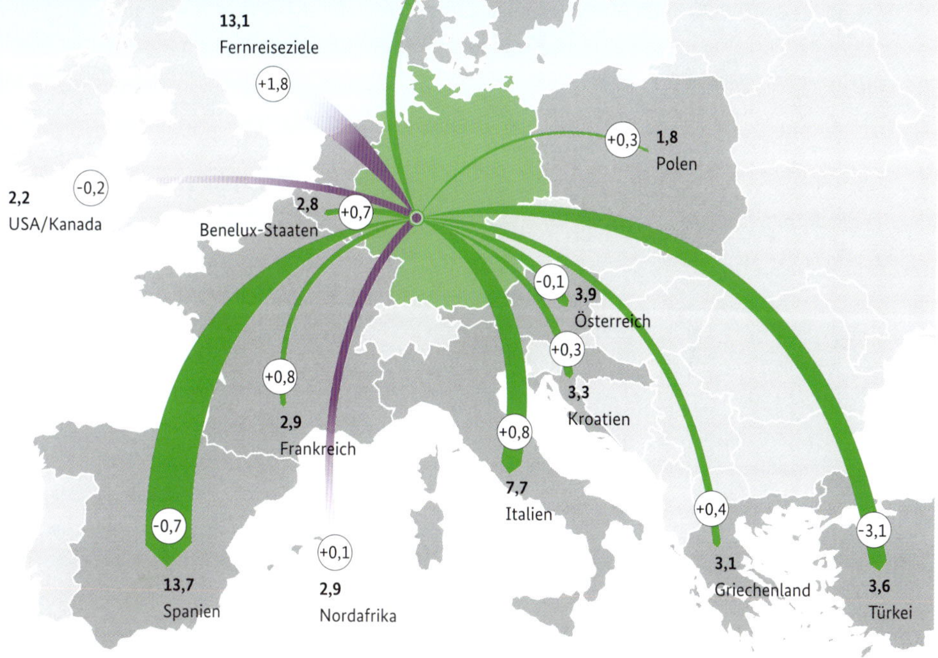

3 (+0,6)
Skandinavien

13,1 (+1,8)
Fernreiseziele

1,8 (+0,3)
Polen

2,2 (−0,2)
USA/Kanada

2,8 (+0,7)
Benelux-Staaten

3,9 (−0,1)
Österreich

3,3 (+0,3)
Kroatien

2,9 (+0,8)
Frankreich

7,7 (+0,8)
Italien

13,7 (−0,7)
Spanien

2,9 (+0,1)
Nordafrika

3,1 (+0,4)
Griechenland

3,6 (−3,1)
Türkei

Stiftung für Zukunftsfragen

258 Euro
Durchschnittliche Haushalts-
ausgaben im Monat für Freizeit,
Kultur und Unterhaltung

58 %
Deutsche, die im Jahr eine
Reise von mindestens fünf
Tagen unternehmen

1.193 Euro
Durchschnittsausgaben für
die Haupturlaubsreise

34,2 %
Deutsche, die ihre Haupt-
urlaubsreise in Deutschland
verbringen

FREIE RELIGIONSAUSÜBUNG

Wachsende Pluralität und zunehmende Säkularisierung kennzeichnen die religiöse Landschaft in Deutschland. 55 Prozent der deutschen Bevölkerung bekennen sich zu einer der beiden großen christlichen Konfessionen, organisiert in den 27 katholischen Diözesen und der Deutschen Bischofskonferenz sowie den evangelischen Landeskirchen und der Evangelischen Kirche in Deutschland als Dachverband. Die katholische Kirche mit rund 24,6 Millionen Mitgliedern in 11.500 Gemeinden gehört der Weltkirche mit dem Papst als Oberhaupt der römisch-katholischen Kirche an. Die Evangelische Kirche in Deutschland (EKD) ist die Gemeinschaft der 20 selbstständigen evangelischen Landeskirchen lutherischen, reformierten und unierten Bekenntnisses. Mit rund 23 Millionen Mitgliedern umfassen sie den größten Teil der evangelischen Christen. Rund 36 Prozent der Bevölkerung gehören keiner Konfession an.

Infolge der alternden Mitgliedschaft und einer hohen Zahl an Kirchenaustritten sinkt die Zahl der Gläubigen in den christlichen Kirchen. Allein 2016 verließen 162.000 Menschen die katholische Kirche. Die evangelische Kirche meldete 190.000 Austritte. Im Osten Deutschlands ist die Kirchenferne besonders augenfällig.

Der Islam gewinnt durch Migration an Bedeutung für das religiöse Leben. Die Zahl der aus 50 Nationen stammenden Muslime in Deutschland wird mit etwa 4 bis 5 Millionen beziffert, eine zentrale Ermittlung findet jedoch nicht statt. In vielen Städten haben sich größere muslimische Gemeinden gebildet. Mit der Deutschen Islam Konferenz (DIK) existiert seit 2006 ein offizieller Rahmen für den Austausch zwischen Staat und Muslimen.

Das jüdische Leben in Deutschland, das nach dem Holocaust völlig zerstört war, ist nach dem Ende des Ost-West-Konflikts durch Zuwanderer aus der früheren UdSSR belebt worden. Heute leben in Deutschland wieder rund 200.000 Juden. Knapp 100.000 von ihnen sind in 105 jüdischen Gemeinden organisiert, die ein weites religiöses Spektrum aufweisen und vom 1950 gegründeten Zentralrat der Juden in Deutschland vertreten werden.

≡ LISTE

- Mitgliederstärkste katholische Diözese: **Erzbistum Köln mit rund zwei Millionen Katholiken**

- Mitgliederstärkste evangelische Landeskirche: **Hannover mit mehr als 2,6 Millionen Protestanten**

- Große Moscheen: **Yavuz-Sultan-Selim-Moschee/Mannheim; Şehitlik-Moschee/Berlin, Fatih-Moschee/Bremen**

- Mitgliederstärkste jüdische Gemeinde: **Jüdische Gemeinde zu Berlin (10.000)**

Die Religionsfreiheit garantiert in Deutschland das Grundgesetz, es gibt mehr als 2.000 Moscheen

Deutschland hat keine Staatskirche. Grundlage des Verhältnisses von Staat und Religion ist die im Grundgesetz garantierte Religionsfreiheit, die Trennung von Staat und Kirche im Sinne der weltanschaulichen Neutralität des Staates und das Selbstbestimmungsrecht der religiösen Gemeinschaften. Staat und Religionsgemeinschaften kooperieren auf partnerschaftlicher Basis. Der Staat beteiligt sich an der Finanzierung von Kindergärten und Schulen in Trägerschaft der Religionsgemeinschaften. Die Kirchen erheben eine Kirchensteuer, die vom Staat eingezogen wird, um soziale Dienste zu finanzieren. Schulen müssen Religion als reguläres Unterrichtsfach anbieten (eingeschränkt in Berlin und Bremen). Der islamische Religionsunterricht wird ausgebaut. Um muslimischen Kindern und Jugendlichen, die in Deutschland zur Schule gehen, Religionsunterricht anbieten zu können, werden zusätzliche Pädagogen ausgebildet. ∎

KULTUR & MEDIEN

Lebendige Kulturnation • Innovative Kreativwirtschaft • Kultureller Dialog • Weltoffene Positionen • Rasanter Medienwandel • Spannende Welterbestätten • Attraktive Sprache

EINBLICK
LEBENDIGE KULTURNATION

Die eine Kultur Deutschlands gibt es nicht. Es gibt viele, die gleichzeitig und oft erstaunlich gegensätzlich nebeneinander her existieren, ineinander verwoben, einander abstoßend und anziehend. Von Deutschland als Kulturnation sprechen, heißt im 21. Jahrhundert, von einem gewachsenen, sich immerfort weiterentwickelnden, lebendigen Organismus zu reden, dessen Vielfalt verblüffend, irritierend, oft auch anstrengend ist. Dies wurzelt zum einen in der föderalen Tradition des Landes, das erst ab 1871 als Gesamtstaat zu existieren begonnen hat. Die 1949 gegründete Bundesrepublik, aber auch das seit 1990 wiedervereinte Deutschland haben bewusst an föderale Traditionen angeknüpft und die Kulturhoheit den Ländern überlassen. Erst seit 1998 gibt es einen Beauftragten für Kultur und Medien im Bundeskanzleramt. Ergebnis der aus vielen ehemaligen Klein- und Mittelstaaten sowie freien Städten bestehenden Struktur Deutsch-lands sind unter anderem rund 300 Stadt- und Landestheater sowie 130 zum Teil an die Rundfunkanstalten gekoppelte Berufsorchester. 540 Kunstmuseen mit international hochkarätigen Sammlungen bilden zudem eine beispiellose Museumslandschaft. Mit dieser Vielfalt an Kultureinrichtungen nimmt Deutschland eine Spitzenposition ein. Das überwiegend öffentlich organisierte Theater-, Orchester- und Museumssystem findet grundsätzlich hohe Akzeptanz. Vor dem Hintergrund engerer finanzieller Spielräume der öffentlichen Haushalte sowie den sozio-demografischen und medialen Veränderungsprozessen wie der Digitalisierung befindet es sich gleichwohl in einer Phase des Umbruchs und der Neuorientierung.

Deutschlands Ruf als bedeutende Kulturnation gründet auf den großen Namen der Vergangenheit wie Bach, Beethoven und Brahms ▶

VIDEO ▶ AR-APP

Kultur & Medien: das Video zum Kapitel
→ **tued.net/de/vid7**

Künftiges Zentrum für den Dialog zwischen den Kulturen der Welt: In Berlin entsteht das Humboldt-Forum

in der Musik, Goethe, Schiller und Thomas Mann in der Literatur. Auch die künstlerischen Positionen der Moderne sind in allen Kunstgattungen namhaft besetzt.

Zum anderen hat das Land einen Prozess durchlaufen, der in anderen europäischen Staaten bereits früher einsetzte. Es hat sich, auf Basis der eigenen Traditionen, von außen kommenden Einflüssen geöffnet und ein neues Narrativ entwickelt. Junge Künstler mit Migrationshintergrund haben Artikulationsformen gefunden, musikalisch, aber auch poetisch auf das Aufeinandertreffen und Verschmelzen unterschiedlicher Herkunftskulturen zu reagieren.

Die regionalen Kunst- und Kulturzentren haben sich im immer weiter verschwimmenden Grenzbereich zwischen Unterhaltung und Hochkultur zu lebendigen Zentren der neuen deutschen Kultur entwickelt. Zusammen bilden sie ein Kräftefeld, ein Spiegelbild

Deutschlands in konzentrierter Form. Mit dem Humboldt-Forum entsteht zudem bis 2019 ein kulturelles Leuchtturmprojekt im wieder errichteten Schloss in der Mitte Berlins. Geprägt von Weltoffenheit, soll es einen internationalen Wissensaustausch und den Dialog der Kulturen ermöglichen. ▪

→ NETZ

Kulturportal Deutschland
Informationen über ausgewählte Events und kulturpolitische Themen
→ kulturserver.de

Litrix
Mehrsprachiges Portal zur weltweiten Vermittlung deutscher Literatur
→ litrix.de

Filmportal
Plattform für Infos zum deutschen Film
→ filmportal.de

Die darstellende Kunst findet in Deutschland viele Aufführungsmöglichkeiten

AKTEURE & INSTRUMENTE

Beauftragte der Bundesregierung für Kultur und Medien

Die Beauftragte der Bundesregierung für Kultur und Medien (BKM), Monika Grütters, ist als Staatsministerin direkt der Bundeskanzlerin zugeordnet. Sie hat unter anderem die Aufgabe, Kultureinrichtungen und -projekte von nationaler Bedeutung zu fördern.
→ bundesregierung.de

Goethe-Institut

Das Goethe-Institut e.V. ist das weltweit tätige Kulturinstitut Deutschlands. Es hat die Aufgabe, die Kenntnis der deutschen Sprache im Ausland zu fördern, die internationale kulturelle Zusammenarbeit zu pflegen und ein umfassendes, aktuelles Deutschlandbild zu vermitteln.
→ goethe.de

Institut für Auslandsbeziehungen

Das Institut für Auslandsbeziehungen (ifa) engagiert sich weltweit für Kunstaustausch, den Dialog der Zivilgesellschaften und die Vermittlung außenkulturpolitischer Informationen.
→ ifa.de

Kulturstiftung des Bundes

Die Kulturstiftung des Bundes fördert Kunst und Kultur im Rahmen der Zuständigkeit des Bundes. Ein Schwerpunkt ist die Förderung innovativer Programme und Projekte im internationalen Kontext.
→ kulturstiftung-des-bundes.de

Haus der Kulturen der Welt

Das Haus der Kulturen der Welt in Berlin ist ein Zentrum für den internationalen Kulturaustausch und ein Forum für aktuelle Diskurse.
→ hkw.de

Deutscher Kulturrat

Der Deutsche Kulturrat e.V. ist der anerkannte Spitzenverband der Bundeskulturverbände. 258 Bundeskulturverbände und Organisationen sind Mitglied.
→ kulturrat.de

Zentralstelle für das Auslandsschulwesen

Die Zentralstelle für das Auslandsschulwesen (ZfA) betreut und fördert circa 1.200 Schulen, darunter rund 140 Deutsche Auslandsschulen.
→ auslandsschulwesen.de

✚ DIGITAL PLUS
Mehr Informationen zu allen Themen des Kapitels – kommentierte Linklisten und Beiträge; dazu weiterführende Informationen zu Stichworten wie Kulturhoheit der Länder, Kulturstiftung des Bundes, Deutscher Filmpreis, documenta.
→ tued.net/de/dig7

THEMA
INNOVATIVE KREATIVWIRTSCHAFT

Die Kultur- und Kreativwirtschaft gehört zu den innovativsten Wirtschaftszweigen. In Deutschland steigt ihr Beitrag zur volkswirtschaftlichen Gesamtleistung (Bruttowertschöpfung) stetig und liegt heute auf Augenhöhe mit großen Industriesektoren wie dem Maschinenbau. Der Umsatz der Kreativbranche, in der rund 253.000 Unternehmen und 1,6 Millionen Menschen tätig sind, lag 2016 bei rund 154 Milliarden Euro. Die Bundesregierung will die Kultur- und Kreativwirtschaft gezielt stärken und dazu Förderungen und Finanzierungsmöglichkeiten weiterentwickeln.

Der verbindende Kern der kultur- und kreativwirtschaftlichen Aktivität ist der schöpferische Akt von künstlerischen, literarischen, kulturellen, musischen, architektonischen oder kreativen Inhalten, Werken, Produkten, Produktionen oder Dienstleistungen. Strukturell wird die Branche insbesondere von Freiberuflern sowie von Klein- und Mikrounternehmen geprägt. Sie sind überwiegend erwerbswirtschaftlich orientiert – also nicht vorrangig im öffentlichen (Museen, Theater, Orchester) oder zivilgesellschaftlichen Sektor (Kunstvereine, Stiftungen) tätig. Durch konsequente Förderung von Neugründungen haben sich in vielen Städten besonders in den Feldern Design, Software und Games viele Anbieter etabliert. Speziell die Software-/Games-Industrie zeigt durch die Vernetzung verschiedener Sparten wie Film, Video, Musik, Text und Animation das Potenzial der Branche und erzielte 2016 ein Umsatvolumen von 29 Milliarden Euro. An der Spitze der Entwicklung steht die Region Berlin-Brandenburg mit gut 200 Unternehmen. Kein anderer Standort hat eine dichtere Games-Infrastruktur, einschließlich entsprechender Hochschulen. Aber auch Frankfurt am Main, Hamburg, Leipzig, Köln und München haben ausgeprägte Kreativcluster. ∎

〰 **DIAGRAMM**   Stetes Wachstum: Unternehmen in der Kultur- und Kreativwirtschaft

Branche mit Potenzial
Die Kultur- und Kreativwirtschaft verbindet traditionelle Wirtschaftsbereiche, neue Technologien und moderne Informations- und Kommunikationsformen. In Deutschland umfasst sie zwölf Teilbereiche: Musikwirtschaft, Buchmarkt, Kunstmarkt, Filmwirtschaft, Rundfunk, Darstellende Kunst, Architektur, Design, Pressemarkt, Werbemarkt, Software/Games, Sonstige.

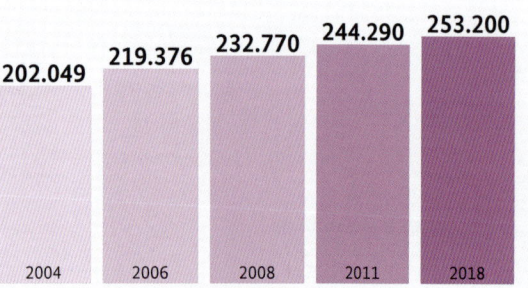

2004	2006	2008	2011	2018
202.049	219.376	232.770	244.290	253.200

BMWi/Statistisches Bundesamt

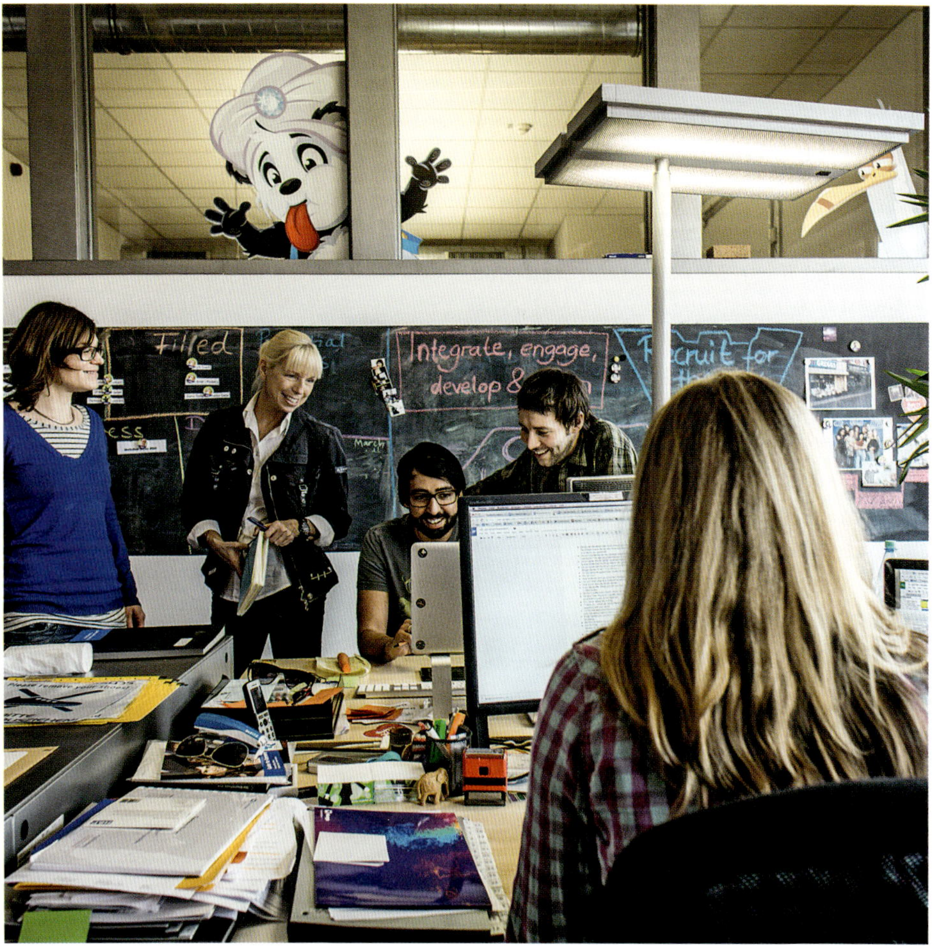
Integrate, engage,

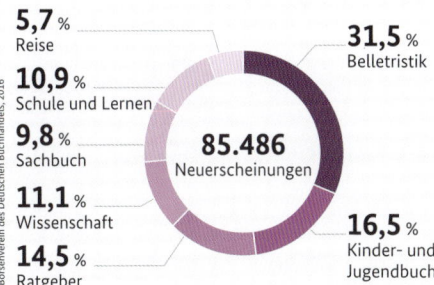

Berlin gilt, auch für internationale Jungunternehmer, als die Start-up-Metropole

Facettenreicher Buchmarkt: Viele Neuerscheinungen

5,7 %
Reise
10,9 %
Schule und Lernen
9,8 %
Sachbuch
11,1 %
Wissenschaft
14,5 %
Ratgeber
31,5 %
Belletristik
16,5 %
Kinder- und Jugendbuch
85.486
Neuerscheinungen
Börsenverein des Deutschen Buchhandels, 2016

Guter Mittelplatz: die Bruttowertschöpfung im Branchenvergleich in Mrd. Euro

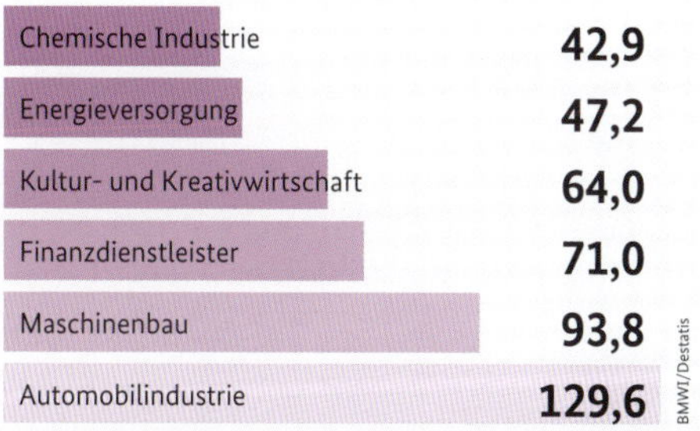
Chemische Industrie
42,9
Energieversorgung
47,2
Kultur- und Kreativwirtschaft
64,0
Finanzdienstleister
71,0
Maschinenbau
93,8
Automobilindustrie
129,6
BMWI/Destatis

THEMA

KULTURELLER DIALOG

Die Auswärtige Kultur- und Bildungspolitik (AKBP) ist neben der klassischen Diplomatie und der Außenwirtschaftspolitik die dritte Säule der deutschen Außenpolitik. Zu ihren wichtigsten Zielen gehört, mit dem Austausch und der Zusammenarbeit in Kultur, Bildung und Wissenschaft eine gute Basis für die Beziehung zu anderen Ländern zu legen und den Dialog zwischen Menschen zu ermöglichen. Die Auswärtige Kulturpolitik eröffnet so Wege zu einem gegenseitigen Verstehen – eine wichtige Grundlage für eine Politik, die sich für den friedlichen Ausgleich engagiert.

Weitere Aufgaben der AKBP sind die Förderung der deutschen Sprache in der Welt,

Deutschland als Land einer erfolgreichen und vielfältigen Kulturszene bekannt zu machen und im Ausland ein zeitgemäßes Deutschlandbild zu vermitteln. Zu den konkreten Initiativen gehören die Förderung verschiedener Kulturprogramme wie Ausstellungen, Gastspiele deutscher Theater, Literatur- oder Filmförderung, aber auch Projekte im Dialog mit der islamischen Welt oder „kulturweit", ein Angebot, mit dem junge Menschen aus Deutschland einen Freiwilligendienst im Ausland absolvieren können.

Ein umfassender Kulturbegriff ist die Basis der Programme und Projekte

Nur zu einem kleineren Teil setzt das Auswärtige Amt seine Kulturpolitik selbst um. Mit den Aufgaben betraut es vor allem privatrechtlich organisierte Mittlerorganisationen mit unterschiedlichen Schwerpunkten wie das Goethe-Institut, das Institut für Auslandsbeziehungen (ifa), den Deutschen Akademischen Austauschdienst (DAAD), die Deutsche UNESCO-Kommission oder die Alexander von Humboldt-Stiftung (zur Auswärtigen Bildungspolitik siehe Kapitel Bildung & Wissen).

Die Arbeit der Kulturmittler wird durch Zielvereinbarungen definiert, in der Programm- und Projektgestaltung sind sie jedoch weitgehend frei. Das Goethe-Institut ist mit 159 Instituten in 98 Ländern präsent. Es fördert die

 LISTE

• Größtes Kunstmuseum:
Hamburger Kunsthalle

• Größtes Orchester:
Gewandhausorchester Leipzig

• Größtes Kino:
Cinemaxx in Essen

• Größte Theaterbühne:
Friedrichstadtpalast (Berlin)

• Größtes Festspielhaus:
Baden-Baden

Alte Handschriften aus der Oasenstadt Timbuktu (Mali) werden mit Mitteln des Auswärtigen Amts konserviert und erforscht

Kenntnis der deutschen Sprache im Ausland und pflegt die internationale kulturelle Zusammenarbeit. Das ifa widmet sich vor allem dem Kulturdialog mit Ausstellungen und Konferenzen. Trends im Kulturdialog sind digitale Kultur- und Vermittlungsangebote und die neuen Möglichkeiten interaktiver Partizipation. In allen Projekten legt die Auswärtige Kulturpolitik seit den 1970er-Jahren Wert auf einen umfassenden, nichtelitären Kulturbegriff, der „Kultur" nicht auf „Kunst" verengt.

Doch es geht nicht nur um deutsche Kultur. Das Kulturerhalt-Programm unterstützt die Bewahrung bedeutender historischer Kulturgüter im Ausland. So förderte das Auswärtige Amt von 1981 bis 2016 rund 2.800 Projekte in 144 Ländern, darunter den Erhalt der Handschriften von Timbuktu in Mali oder das Erstellen digitaler Kulturgüterregister für Syrien, die Digitalisierung traditioneller Musik in Kamerun oder die Restaurierung des indonesischen Tempels Borobudur. ∎

THEMA

WELTOFFENE POSITIONEN

In der auf Pluralismus basierenden Gesellschaft Deutschlands kann es den einen alle anderen dominierenden kulturellen Trend ebenso wenig geben wie die eine alle übrigen in den Schatten stellende Metropole. Verstärkt durch die föderale Struktur gibt es in Deutschland eine Gleichzeitigkeit des Ungleichzeitigen, existieren unterschiedlichste, mitunter gegensätzliche und miteinander konkurrierende Strömungen in Theater, Film, Musik, Bildender Kunst und Literatur.

Einen deutlichen Trend gibt es im Theater: Die Zahl der Uraufführungen zeitgenössischer Autoren ist steil gestiegen. Sie zeigen die Bandbreite der gegenwärtigen Darstellungsformen, in denen sich traditionelles Sprechtheater mit Pantomime, Tanz, Video, Laiendarstellung und Musik häufig zu einem performanceähnlichen, postdramatischen Bühnengeschehen verdichtet. Die Vielfalt, wie sie jährlich das im Mai stattfindende Berliner Theatertreffen zeigt, ist vielstimmige Antwort auf die Fragestellungen einer komplexen Wirklichkeit.

Neben diesem von einer gesellschaftlichen Mitte getragenen kulturellen Mainstream entsteht etwas Neues, das zunehmend aus den randständigen Milieus in die freie, aber auch in die etablierte Theaterkultur vordringt und sie befruchtet. „Postmigrantisch" ist das Schlagwort für dieses Phänomen, das Deutschland als Einwanderungsgesellschaft

spiegelt und in vielen Städten, vor allem aber in Berlin, sichtbar ist. Millionen Deutsche mit Migrationshintergrund leben in zweiter, dritter Generation im Land, sie erzählen über sich und das Leben ihrer Eltern und Großeltern andere Geschichten als die seit Jahrhunderten in Deutschland lebenden Bürger. Sie sind, ob in Deutschland geboren oder nicht, in der Regel durch keine konkrete Migrationsgeschichte geprägt, aber durch die Erfahrung kultureller Hybridität. Dieses Leben in unterschiedlichen kulturellen Zusammenhängen bringt neue Formen der künstlerischen Auseinandersetzung mit der Gesellschaft hervor und bildet die aktuellen Konfliktlinien, die Aushandlung von Rechten, von Zugehörigkeit, von Teilhabe ab. Es entstehen neue Nar-

> 🅐 **INFO**
>
> **Deutsche Digitale Bibliothek**
> Die Deutsche Digitale Bibliothek (DDB) erschließt, eng vernetzt mit der europäischen virtuellen Bibliothek Europeana.eu, das kulturelle Erbe in Deutschland. Dazu gehören kulturelle Schätze wie Handschriften, historische Filme, Musik und digitalisierte Bücher. Schon jetzt umfasst die Bibliothek mehr als 18 Millionen Objekte. Langfristig sollen bis zu 30.000 Kultur- und Wissenschaftseinrichtungen aller Sparten und Disziplinen in der DDB vernetzt werden.
>
> → deutsche-digitale-bibliothek.de

Ein großer Erfolg war Yael Ronens Inszenierung von „Common Ground" am Maxim Gorki Theater in Berlin

rative, die ein neues Selbstbild der Gesellschaft befördern und die kulturelle Wahrnehmung Deutschlands im Ausland prägen.

Als ein Leuchtturm dieser die Transkulturalität feiernden Kunstproduktion gilt Shermin Langhoffs „Postmigrantisches Theater" im Berliner Maxim Gorki Theater. Ihre Inszenierungen erreichen über das traditionelle Theaterpublikum hinaus eine neue, überwiegend junge Klientel, sie spiegeln einen unübersichtlichen Prozess wider, der sich ständig weiter entfaltet und ausdifferenziert. Mit den Stücken „Common Ground", das sich mit dem Balkan-Krieg auseinandersetzt, und „The Situation" über den Nahostkonflikt, beide inszeniert von der israelischen Regisseurin Yael Ronen, wurde das Gorki Theater 2015 und 2016 zum Berliner Theatertreffen eingeladen. Dabei vollzieht das Theater nach, was in der ▶

▸ Pop-Musik und der Literatur schon länger eingesetzt hat. Auch hier spiegeln Künstler-Biografien die gesellschaftliche Vielfalt, zeigen spannungsreiche Fusionen unterschiedlichster Stilrichtungen neue Perspektiven. Im Pop werden unterschiedlichste internationale Musikstile (Balkan-Beat, afroamerikanischer Sound, türkischer Rock, amerikanischer Hip Hop) mit Einflüssen oder Elektronik-Phänomenen kombiniert, die als „typisch deutsch" gelten. Wie in anderen Ländern übernimmt Rap eine Identifikationsrolle für Jugendliche aus Migrantenfamilien.

Als Sohn türkischer Einwanderer ganz nach oben geschafft hat es Regisseur Fatih Akin. 2018 gewann er einen Golden Globe für sein Filmdrama „Aus dem Nichts" mit der deutschen Hollywood-Schauspielerin Diane Kruger in der Hauptrolle. Akin greift in seinen Filmen auch heikle Themen des sozialen Mit- und Gegeneinanders auf und lässt Milieus und Klischees aufeinanderprallen. Das postmigrantische Deutschland ist nicht unbedingt kuschelig, aber spannend und dynamisch.

In der Gegenwartsliteratur spielen postmigrantische Themen eine zentrale Rolle

Seit vielen Jahren zählen zu den erfolgreichsten deutschsprachigen Autoren wie selbstverständlich auch wichtige Autorinnen und Autoren mit Migrationshintergrund, unter ihnen Navid Kermani, der 2015 mit dem Friedenspreis des Deutschen Buchhandels einen der renommiertesten Kulturpreise Deutschlands erhalten hat, aber auch Katja Petrowskaya, Sherko Fatah, Nino Haratischwili, Saša Stanišić, Feridun Zaimoglu oder Alina Bronsky, um nur einige wenige zu nennen. Ihre Bücher, die unter anderem den irani-

Fatih Akins Filmdrama „Aus dem Nichts" mit Hauptdarstellerin Diane Kruger hat 2018 einen Golden Globe gewonnen

KARTE
Wichtige Kulturpreise in Deutschland

❶ Goldener Bär
Die Internationalen Filmfestspiele Berlin (Berlinale) gelten neben Venedig und Cannes als maßgebliches Kinofestival. Verliehen werden ein Goldener Bär und mehrere Silberne Bären.

❷ Preis der Leipziger Buchmesse
Der Preis der Leipziger Buchmesse ehrt deutschsprachige Neuerscheinungen.

❸ Deutscher Filmpreis
Mit fast drei Millionen Euro Preisgeld ist der Deutsche Filmpreis der höchstdotierte deutsche Kulturpreis.

❹ Deutscher Buchpreis
Eine Jury wählt den besten deutschsprachigen Roman des Jahres aus.

❺ Georg-Büchner-Preis
Der Georg-Büchner-Preis ist der wichtigste Literaturpreis im deutschen Sprachraum.

schen, russischen, türkischen Erfahrungshintergrund reflektieren, werden von vielen gelesen und ihre Literatur trägt ihre jeweils eigenen Themen und die Migrationserfahrung in die Gesellschaft hinein.

Weltoffen und international ist auch die Bildende Kunst in Deutschland. Das zeigt schon die Statistik der Studienanfänger an deutschen Kunsthochschulen: Seit 2013 schreiben sich dort jedes Jahr mehr ausländische Studierende als deutsche Studienanfänger für das erste Semester ein. Berlin mit seinen rund 500 Galerien und seinen vielen Freiräumen für künstlerische Positionen gilt heute geradezu als Metropole der jungen, zeitgenössischen Kunst und eine der weltweit größten Produktionsstätten von Gegenwartskunst. Dies offenbart auch jedes zweite Jahr die Biennale in Venedig: Eine Vielzahl der hier ausgestellten internationalen Künstler geben Berlin als ihren Wohnort an. ∎

THEMA
RASANTER MEDIENWANDEL

Die Presse- und Meinungsfreiheit ist in Deutschland auf hohem Niveau gewährleistet und ein verfassungsmäßig geschütztes Gut. In Artikel 5 des Grundgesetzes heißt es: „Jeder hat das Recht, seine Meinung in Wort, Schrift und Bild zu äußern und zu verbreiten und sich aus allgemein zugänglichen Quellen ungehindert zu unterrichten. (...) Eine Zensur findet nicht statt." Der „Press Freedom Index" der Nichtregierungsorganisation „Reporter ohne Grenzen" platziert Deutschland im Jahr 2017 auf Rang 16 von 180 Ländern. Die Vielfalt der Meinungen ist gegeben, der Pluralismus der Information vorhanden. Die Presse befindet sich nicht in der Hand von Regierungen oder Parteien, sondern wird von privatwirtschaftlich geführten Medienunternehmen verantwortet. Der nach britischem Vorbild organisierte öffentlich-rechtliche Rundfunk (ARD, ZDF, Deutschlandfunk) als gebührenfinanzierte Körperschaften bzw. Anstalten des öffentlichen Rechts, sind die zwei-te Säule der auf dem dualen Prinzip von privat und öffentlich basierenden Medienlandschaft, die im Kern unverändert seit der Gründung der Bundesrepublik 1949 besteht. Der monatliche Rundfunkbeitrag beträgt seit 2015 17,50 Euro. Daneben ist seit den 1980er-Jahren eine Vielzahl privater Rundfunk- und Fernsehsender am Markt. Die wichtigsten TV-Nachrichtensendungen sind „Tagesschau" und „Tagesthemen" in der ARD, „heute" und „heute journal" im ZDF sowie „RTL aktuell". Allein in Berlin, das zu den zehn Top-Medienstädten weltweit gehört, arbeiten 900 akkreditierte Parlamentskorrespondenten und 440 Auslandskorrespondenten aus 60 Staaten.

Zur vielstimmigen Medienlandschaft zählen rund 300 in ihrer Mehrzahl regional verbreitete Tageszeitungen, 20 Wochenzeitungen sowie 1.600 Publikumszeitschriften. Deutschland ist nach China, Indien, Japan und den USA der fünftgrößte Zeitungsmarkt weltweit. ▶

▐▌ WEGMARKEN

1945
Nach der Nazi-Herrschaft erscheinen in Deutschland zunächst nur sogenannte Lizenzzeitungen. In der amerikanischen Besatzungszone wird die erste Lizenz am 1. August 1945 an die „Frankfurter Rundschau" vergeben.

1950
Die sechs westdeutschen Rundfunkanstalten schließen in Bremen eine Vereinbarung über die „Errichtung einer Arbeitsgemeinschaft der öffentlich-rechtlichen Rundfunkanstalten der Bundesrepublik Deutschland".

1984
In Ludwigshafen am Rhein nimmt die „Programmgesellschaft für Kabel- und Satellitenrundfunk", abgekürzt PKS, den Sendebetrieb auf. Es ist die Geburtsstunde des Privatfernsehens in Deutschland.

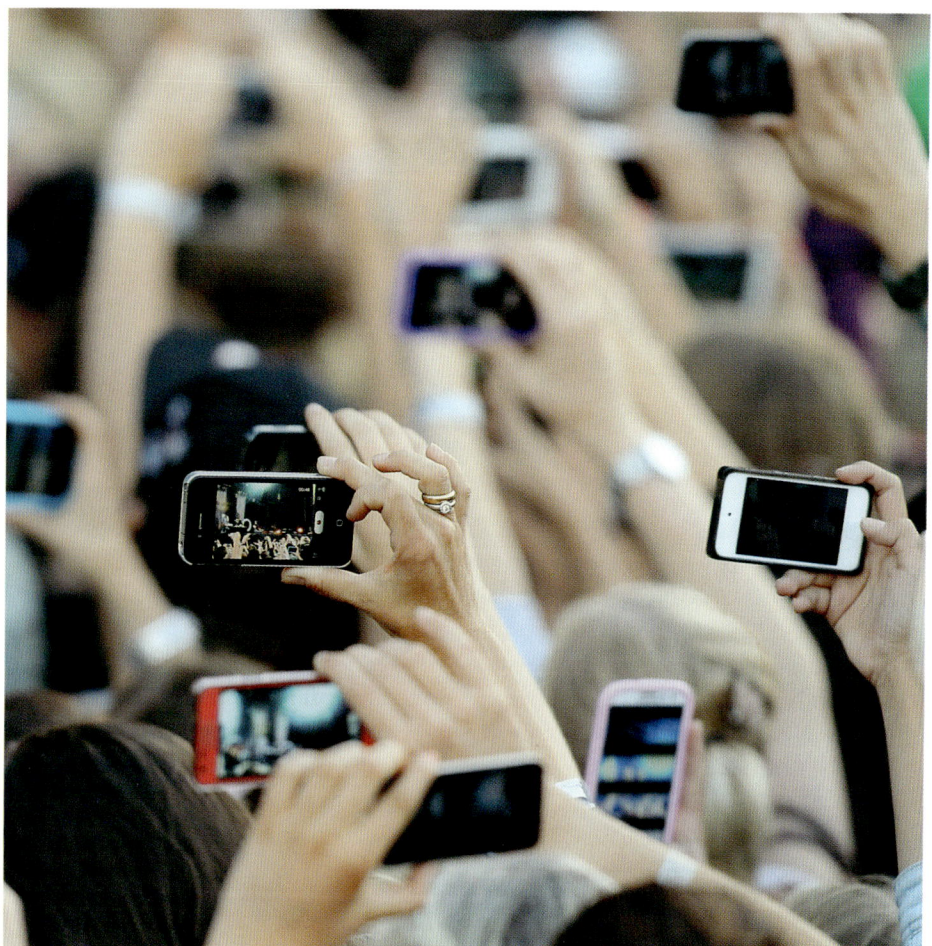

Die sozialen Medien verändern das Mediensystem, das Kommunikationsverhalten und die Öffentlichkeit fundamental

1995

Als erste deutsche Tageszeitung geht die linksliberale „taz" sechs Jahre nach der Geburt des World Wide Web online. Nach ihrem „Go-live" entwickelt sich die Community der „digitaz" sprunghaft nach oben.

1997

Rund 4,1 Millionen Bundesbürger über 14 Jahre nutzen die neuen Online-Zugänge zumindest gelegentlich. Im Jahr 2014 sind dies rund 55,6 Millionen, das entspricht 79,1 Prozent der über 14-Jährigen in Deutschland.

2018

Wöchentlich nutzen 21 Millionen Menschen in Deutschland Facebook, 1,8 Million sind auf Twitter, 5,6 Millionen auf Instagram aktiv. Spitzenreiter bei den sozialen Medien ist WhatsApp mit 40 Millionen wöchentlichen Nutzern.

Deutschlands größter Newsroom: die Zentralredaktion der Deutschen Presse-Agentur (dpa) in Berlin

▶ Pro Erscheinungstag werden 16,1 Millionen Tageszeitungen und fünf Millionen Wochen- und Sonntagszeitungen verkauft (2016). Die führenden Blätter, die überregionalen Tageszeitungen „Süddeutsche Zeitung", „Frankfurter Allgemeine Zeitung", „Die Welt", „Die Zeit", „taz" und „Handelsblatt", zeichnen sich durch investigative Recherche, Analyse, Hintergrund und umfassende Kommentierung aus. Das Nachrichtenmagazin „Spiegel"/„Spiegel

Online" und das Boulevardblatt „Bild" gelten als die meistzitierten Medien.

Zugleich befindet sich die Branche in einem tiefgreifenden Strukturwandel. Die Tageszeitungen büßen seit 15 Jahren regelmäßig durchschnittlich 1,5 bis 2 Prozent ihrer bezahlten gedruckten Auflage ein. Sie erreichen immer seltener jüngere Leserschichten und befinden sich bei weiterhin rückläufigen Auflagen und

📈 **D I A G R A M M**

Rasante Entwicklung: Internetnutzer in Deutschland in Millionen

Digitaler Alltag
Die mobile Internetnutzung und die Verwendung mobiler Endgeräte steigen in Deutschland deutlich an. Mit der zunehmenden mobilen Datennutzung wachsen die technologischen Anforderungen an die Netzinfrastruktur. Studien zeigen auch: Die Zahl der Internetnutzer steigt seit geraumer Zeit nur noch geringfügig.

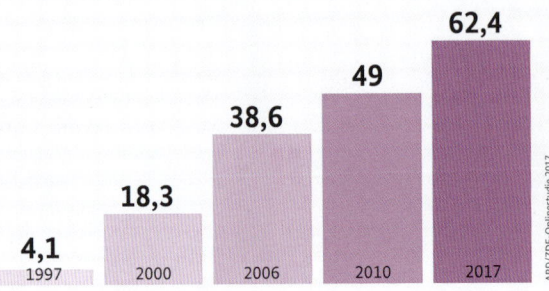

62,4

49

38,6

18,3

4,1

1997 2000 2006 2010 2017

ARD/ZDF-Onlinestudie 2017

Anzeigenumsätzen in schwerem Fahrwasser. Über 100 Zeitungen haben als Antwort auf die Umsonst-Kultur im Netz inzwischen Bezahlschranken eingeführt. Die Verlagslandschaft ist in Bewegung – auch weil inzwischen fast 800.000 täglich verkaufte Zeitungsexemplare als E-Paper digital vertrieben werden und die Zahlen der Digital-Abos stetig zunehmen.

Die Digitalisierung der Medienwelt, das Internet, die dynamische Zunahme mobiler Endgeräte und der Siegeszug der sozialen Medien haben das Mediennutzungsverhalten signifikant verändert. 62,4 Millionen Deutsche über 14 Jahre (89,8 Prozent) sind heute online. Mehr als 50 Millionen Menschen nutzen das Internet täglich. Durchschnittlich verbrachte jeder Nutzer täglich rund 165 Minuten online (gerechnet auf die Gesamtbevölkerung: 149 Minuten); mehr als jeder Zweite surft inzwischen mobil. Zudem ist gut die Hälfte aller Internetnutzer Mitglied einer privaten Community. Die digitale Revolution hat einen neuen Begriff von Öffentlichkeit hervorgebracht; die sozialen Medien und die Bloggosphäre sind der Spiegel einer offenen und dialogischen Gesellschaft, in der jeder

GLOBAL

Deutsche Welle Die Deutsche Welle (DW) ist der Auslandsrundfunk Deutschlands und Mitglied der ARD (Arbeitsgemeinschaft der öffentlich-rechtlichen Rundfunkanstalten der Bundesrepublik Deutschland). Die DW sendet in 30 Sprachen, sie bietet Fernsehen (DW-TV), Radio, Internet sowie Medienentwicklung im Rahmen der DW Akademie. Kostenfreie Nachrichten in vier Sprachen bietet der German News Service für Interessierte und Medien.
→ dw.com

meinungsbildend am Diskurs teilnehmen kann. Ob die interaktiven Versammlungsorte im Netz zugleich das Fundament für einen zukunftsfähigen digitalen Journalismus bilden, bleibt abzuwarten. Im Bemühen gegen Fake News und gezielte Desinformation nehmen Journalisten aller Sparten ihre journalistische Verantwortung wahr. ∎

Vielfältiger Zugang: So gehen die Deutschen ins Internet

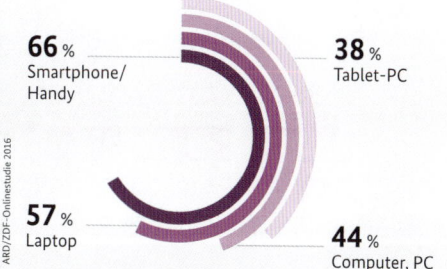

66% Smartphone/ Handy

38% Tablet-PC

57% Laptop

44% Computer, PC

ARD/ZDF-Onlinestudie 2016

Tägliche Mediennutzung

Fernsehen	**174** Min.
Radio	**160** Min.
Internet	**149** Min.
Zeitung	**17** Min.

ARD-ZDF-Onlinestudie 2017/Studienreihe „Medien und ihr Publikum"

SPANNENDE WELTERBESTÄTTEN

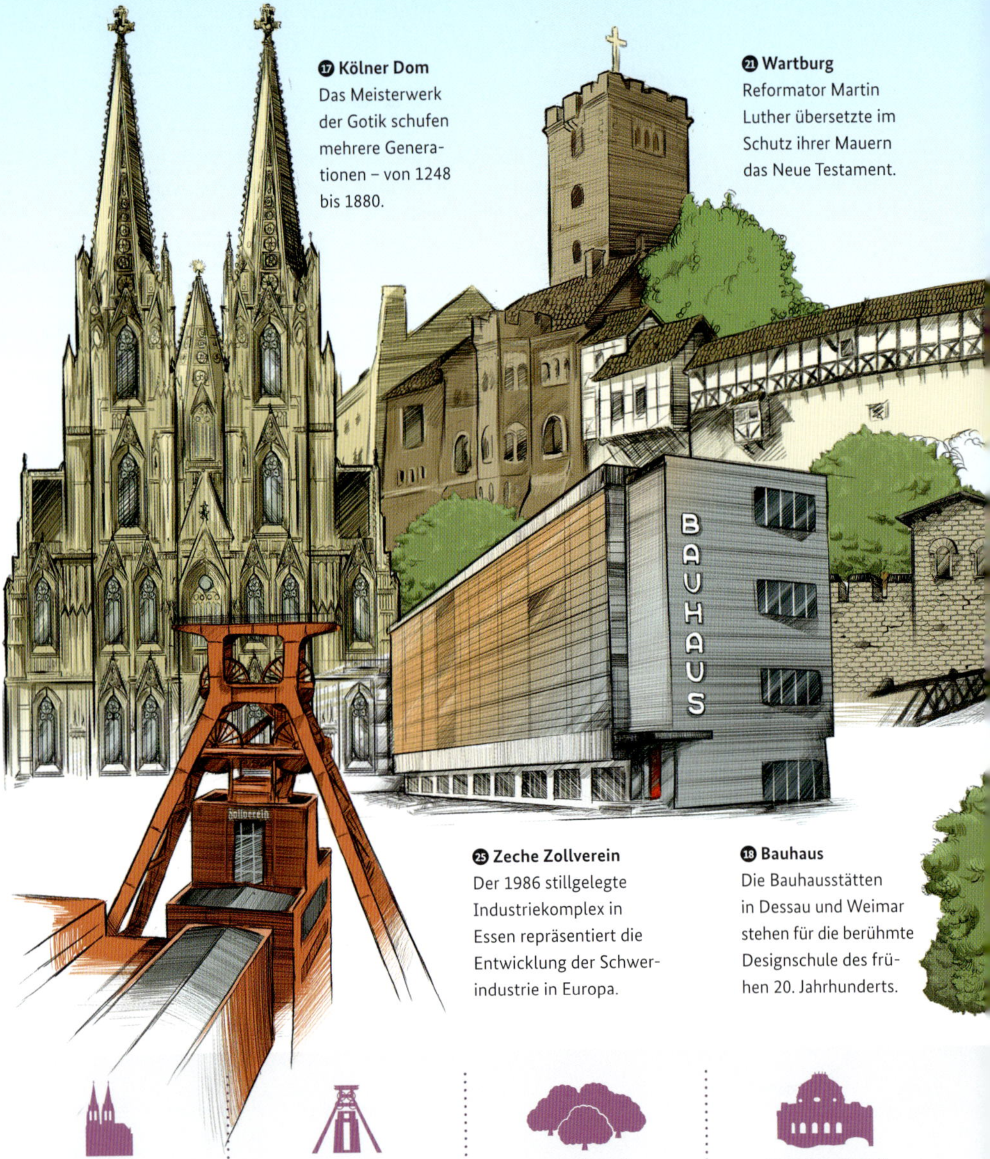

⑰ Kölner Dom
Das Meisterwerk
der Gotik schufen
mehrere Genera-
tionen – von 1248
bis 1880.

㉑ Wartburg
Reformator Martin
Luther übersetzte im
Schutz ihrer Mauern
das Neue Testament.

㉕ Zeche Zollverein
Der 1986 stillgelegte
Industriekomplex in
Essen repräsentiert die
Entwicklung der Schwer-
industrie in Europa.

⑱ Bauhaus
Die Bauhausstätten
in Dessau und Weimar
stehen für die berühmte
Designschule des frü-
hen 20. Jahrhunderts.

157 m
Höhe Kölner Dom

1 km²
Fläche Zeche Zollverein

44 km²
Fläche Buchenwälder

2.300.000
Museumsinsel-
Besuche

Legend

- ⬤ UNESCO-Weltkulturerbestätte
- ⬤ UNESCO-Weltnaturerbestätte

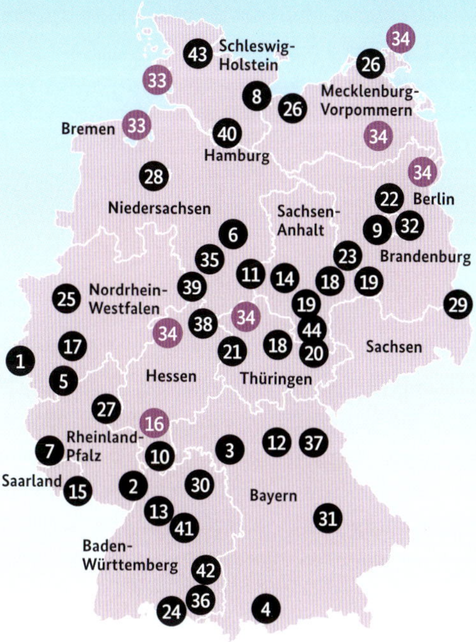

Map labels (German states)

Schleswig-Holstein · Mecklenburg-Vorpommern · Bremen · Hamburg · Niedersachsen · Sachsen-Anhalt · Berlin · Brandenburg · Nordrhein-Westfalen · Sachsen · Hessen · Thüringen · Rheinland-Pfalz · Saarland · Bayern · Baden-Württemberg

List of sites

1. Aachener Dom
2. Speyerer Dom
3. Würzburger Residenz und Hofgarten
4. Wallfahrtskirche „Die Wies"
5. Schlösser Augustusburg und Falkenlust in Brühl
6. Dom und Michaeliskirche in Hildesheim
7. Römische Baudenkmäler, Dom und Liebfrauenkirche von Trier
8. Hansestadt Lübeck
9. Schlösser und Parks von Potsdam und Berlin
10. Kloster Lorsch
11. Bergwerk Rammelsberg, Altstadt von Goslar und Oberharzer Wasserwirtschaft
12. Altstadt von Bamberg
13. Klosteranlage Maulbronn
14. Stiftskirche, Schloss und Altstadt von Quedlinburg
15. Völklinger Hütte
16. Grube Messel
17. Kölner Dom
18. Das Bauhaus und seine Stätten in Weimar und Dessau
19. Luthergedenkstätten in Eisleben und Wittenberg
20. Klassisches Weimar
21. Wartburg
22. Museumsinsel Berlin
23. Gartenreich Dessau-Wörlitz
24. Klosterinsel Reichenau
25. Industriekomplex Zeche Zollverein in Essen
26. Altstädte von Stralsund und Wismar
27. Oberes Mittelrheintal
28. Rathaus und Roland in Bremen
29. Muskauer Park
30. Grenzen des Römischen Reiches: Obergermanisch-raetischer Limes
31. Altstadt von Regensburg mit Stadtamhof
32. Siedlungen der Berliner Moderne
33. Wattenmeer
34. Alte Buchenwälder Deutschlands
35. Fagus-Werk in Alfeld
36. Prähistorische Pfahlbauten, Alpen
37. Markgräfliches Opernhaus Bayreuth
38. Bergpark Wilhelmshöhe
39. Karolingisches Westwerk und Civitas Corvey
40. Hamburger Speicherstadt und Kontorhausviertel mit Chilehaus
41. Das architektonische Werk von Le Corbusier (Weissenhofsiedlung in Stuttgart)
42. Höhlen und Eiszeitkunst der Schwäbischen Alb
43. Wikingerstätten Haithabu und Danewerk
44. Naumburger Dom

㉚ Limes

Das Kastell Saalburg des römischen Grenzwalls in Hessen wurde rekonstruiert.

㉞ Buchenwälder

Fünf Buchenwaldgebiete in Deutschland zählen zum Welterbe der UNESCO.

2.000
Fachwerkbauten
Quedlinburg

550 km
Länge Limes

10.000
Tier- und Pflanzenarten
im Wattenmeer

1.073
Unesco-Welterbestätten
weltweit

THEMA
ATTRAKTIVE SPRACHE

Deutsch gehört zu den rund 15 germanischen Sprachen, einem Zweig der indogermanischen Sprachfamilie. Knapp 130 Millionen Menschen in Deutschland, Österreich, der Schweiz, Luxemburg, Belgien, Liechtenstein und Südtirol (Italien) sprechen Deutsch als Muttersprache oder als regelmäßig benutzte Zweitsprache. Es ist damit die am häufigsten gesprochene Muttersprache in der Europäischen Union und eine der zehn am meisten gesprochenen Sprachen. Die 2015 veröffentlichte Studie „Deutsch als Fremdsprache weltweit" spricht von 15,4 Millionen Menschen, die aktuell Deutsch als Fremdsprache lernen. Wie viele Menschen weltweit Deutsch als Fremdsprache tatsächlich sprechen, kann mit etwa 100 Millionen nur grob beziffert werden.

Ein Grund für die gemessen an der Sprecherzahl überproportionale Bedeutung des Deut-

ZAHL

16

größere Dialektverbände gibt es in Deutschland, dazu gehören beispielsweise Bairisch, Alemannisch, Westfälisch, Brandenburgisch und Nordniederdeutsch. Die regionalen Unterschiede in der gesprochenen Sprache sind ziemlich groß; allgemein verlieren Dialekte jedoch an Bedeutung.

schen liegt in der starken Ökonomie begründet, die der Sprache eine hohe Attraktivität verleiht. Sie bildet die Basis einer aktiven Sprachverbreitungspolitik, die Sprachlehreinrichtungen im In- und Ausland unterstützt, Stipendien bereitstellt oder Studienangebote für international mobil Studierende anbietet. Dies zeigt das deutlich steigende Interesse an Deutsch speziell in den neuen Gestaltungsmächten China, Indien und Brasilien sowie allgemein die Zuwächse aus dem asiatischen Raum, in dem sich die Nachfrage seit 2010 teilweise vervierfacht hat.

Wichtige Institutionen des Deutschlernens sind die 140 Deutschen Auslandsschulen sowie die fast 2.000 Schulen mit verstärktem Deutschunterricht, die in die Partnerschulinitiative des Auswärtigen Amts „Schulen: Partner der Zukunft" (PASCH) einbezogen sind. An den Sprachkursen des Goethe-Instituts, das in mehr als 90 Ländern Deutsch als Fremdsprache und Sprachprüfungen anbietet, nahmen im Jahr 2016 rund 278.000 Menschen teil. Mit kostenfreien E-Learning-Angeboten, Videos, Audios und Material zum Ausdrucken bietet die Deutsche Welle Online-Deutschkurse für Anfänger und Fortgeschrittene an.

Die Relevanz der deutschen Sprache als internationale Wissenschaftssprache lässt hingegen tendenziell nach. In den Naturwissenschaften wird der globale Publikationsanteil von Deutsch von bibliografischen Datenbanken mit

Die deutsche Sprache ist die am häufigsten gesprochene Muttersprache in der Europäischen Union

einem Prozent ausgewiesen. Über eine größere und traditionelle Bedeutung als Wissenschaftssprache verfügt Deutsch in den geistes- und sozialwissenschaftlichen Disziplinen. Nichtdeutschsprachige Wissenschaftler publizieren allerdings nur noch ausnahmsweise auf Deutsch. Dagegen veröffentlichen deutschsprachige Forscher intensiv auf Englisch, besonders in den Naturwissenschaften. Im Internet hingegen spielt die deutsche Sprache eine wichtige Rolle. Bei den meistgenutzten Sprachen im Netz nach Anteil der Websites liegt Deutsch mit großem Abstand zu Englisch, aber nur knapp hinter Russisch auf Rang drei.

Die Globalisierung übt Druck auf alle internationalen Sprachen aus, und Englisch als Weltsprache wird dadurch deutlich gestärkt. Dennoch wird Deutsch weiterhin eine wichtige internationale Sprache bleiben. ∎

LEBENSART

Land der Vielfalt • Urbane Lebensqualität • Nachhaltiger Tourismus •
Sportliche Herausforderungen • Sehenswertes Berlin • Entspanntes Genießen

EINBLICK

LAND DER VIELFALT

Naturliebe und Stadtbegeisterung, gesunde Ernährung und Gourmetrestaurants, Traditionsbewusstsein und Weltoffenheit – Deutschland ist mit 357.000 Quadratkilometern nach Frankreich, Spanien und Schweden das viertgrößte Land der Europäischen Union (EU). Von der Nord- und Ostsee bis zu den Alpen im Süden gliedert sich Deutschland geografisch abwechslungsreich in das Norddeutsche Tiefland, die Mittelgebirgsschwelle, das Südwestdeutsche Mittelgebirgsstufenland, das Süddeutsche Alpenvorland und die Bayerischen Alpen. Von Norden nach Süden beträgt die längste Distanz 876 Kilometer, von Ost nach West 640 Kilometer.

Deutschland gehört zu den Ländern mit dem höchsten Lebensstandard der Welt. Der Human Development Index (HDI) 2016 der Vereinten Nationen platziert Deutschland auf Platz 4 von 188 Ländern. Mit 82,6 Millionen Einwohnern ist Deutschland das bevölkerungsreichste Land der EU und eines der am dichtesten besiedelten Länder; rund 77 Prozent der Einwohner leben in dicht und mittelstark besiedelten Gebieten. Rund 30 Prozent der Bevölkerung haben ihr Domizil in Großstädten mit mehr als 100.000 Einwohnern, von denen es in Deutschland 80 gibt; in München sind 4.713 Menschen auf einem Quadratkilometer zu Hause, in Berlin 4.012. Experten sehen in der Renaissance der Städte eine anhaltende Entwicklung für Wachstum und Innovation und prognostizieren für 2030 stark steigende Einwohnerzahlen für Großstädte – mit erheblichen Folgen für den Wohnungsmarkt, die innerstädtische Mobilität und die Infrastruktur. Speziell die Altersgruppe der 18- bis 24-Jährigen zeigt eine hohe Bereitschaft, in die Städte zu ziehen. Mit der Urbanisierung liegt Deutschland im globalen Trend. Auch für Touristen haben die Städte ▶

VIDEO AR-APP

Lebenswertes Deutschland: das Video
zum Thema → **tued.net/de/vid8**

Sylt, die viertgrößte deutsche Insel, bietet entlang der Nordseeküste kilometerlange Sandstrände

▶ große Anziehungskraft – gerade Berlin entwickelt einen speziellen Magnetismus und erzielt immer neue Besucherrekorde. Im europäischen Vergleich liegt die 3,7-Millionen-Metropole bei den absoluten Übernachtungszahlen auf Platz drei nach London und Paris.

tarier bezeichnen; 1,3 Millionen leben nach eigener Aussage vegan. Trotzdem kommt der Genuss nicht zu kurz. Dafür stehen die 300 Restaurants in Deutschland, die im Guide Michelin 2018 einen oder mehrere Sterne tragen – so viele wie nie zuvor. ■

Der Sehnsucht nach Stadtleben steht zugleich aber ein Bedürfnis nach Regionalität gegenüber – vor allem bei der Ernährung. Die ökologische Lebensmittelwirtschaft hat einen festen Platz in der deutschen Agrarwirtschaft und setzt mit Bioprodukten jährlich rund 10 Milliarden Euro um. 29.174 Biohöfe, knapp zehn Prozent der Landwirtschaftsbetriebe, bewirtschaften 7,1 Prozent der landwirtschaftlichen Fläche. Die Bioprodukte werden gestützt von Zertifizierungen – rund 75.000 Produkte tragen das deutsche staatliche Biosiegel –, einem starken Verbraucherschutz und einer umfassenden Kennzeichnungspflicht. 2016 gab es in Deutschland etwa 8 Millionen Personen, die sich als Vege-

 NETZ

Destatis
Daten, Fakten und Studien der amtlichen Statistik, erstellt vom Statistischen Bundesamt in Wiesbaden
→ destatis.de

OECD
Vergleich der materiellen Lebensbedingungen und der Lebensqualität in 38 Staaten, auf Basis des Better Life Index der Organisation für wirtschaftliche Zusammenarbeit und Entwicklung (OECD)
→ oecdbetterlifeindex.org

Frankfurt am Main, die Stadt der Europäischen Zentralbank (EZB), bietet als einzige deutsche Metropole eine Skyline

AKTEURE & INSTRUMENTE

Deutsche Zentrale für Tourismus

Seit über 60 Jahren wirbt die Deutsche Zentrale für Tourismus (DZT) im Auftrag der Bundesregierung für das Reiseland Deutschland im Ausland. 2018 stellt die DZT im Themenjahr „Kulinarisches Deutschland" Gastfreundschaft und Esskultur in den Mittelpunkt. Das Themenjahr 2019 steht im Zeichen von „100 Jahre Bauhaus".
→ germany.travel

Deutscher Olympischer Sportbund

Der Deutsche Olympische Sportbund (DOSB) ist die Dachorganisation des deutschen Sports. Der DOSB zählt mehr als 27 Millionen Mitglieder in rund 91.000 Sportvereinen.
→ dosb.de

Deutscher Fußball-Bund

Mit über 7 Millionen Mitgliedern ist der Deutsche Fußball-Bund (DFB) der größte nationale Sport-Fachverband der Welt – und der einzige Fußballverband, bei dem sowohl die Frauen als auch die Männer Weltmeister wurden.
→ dfb.de

Internationale Sportförderung

Seit 1961 ist die Internationale Sportförderung des Auswärtigen Amts Teil der Auswärtigen Kultur- und Bildungspolitik. In über 100 Ländern wurden bisher 1.400 Projekte umgesetzt. Gefördert wird vor allem der Frauen-, Behinderten- und Jugendsport, um zur Integration beizutragen.
→ dosb.de/sportentwicklung/internationales

Deutsches Weininstitut

Das Deutsche Weininstitut (DWI) ist die Kommunikations- und Marketingorganisation der deutschen Weinwirtschaft. Kernaufgabe des Instituts ist es, die Qualität und den Absatz des deutschen Weins zu fördern.
→ deutscheweine.de

Gut leben in Deutschland

Die Bundesregierung hat 2015 mit den Menschen in Deutschland einen Dialog über ihr Verständnis von Lebensqualität geführt. Daraus ergaben sich 46 Indikatoren für Lebensqualität, die fortlaufend aktualisiert werden und „gutes Leben" messbar machen.
→ gut-leben-in-deutschland.de

➕ DIGITAL PLUS
Mehr Informationen zu allen Themen des Kapitels – kommentierte Linklisten und Beiträge; dazu weiterführende Informationen zu Begriffen wie Deutsche Küche, Weine aus Deutschland, Bauhausarchitektur, Wellnessurlaub in Deutschland.
→ tued.net/de/dig8

THEMA

URBANE LEBENSQUALITÄT

Gute Arbeitsplätze, saubere Umwelt, geringe Kriminalität, viele Freizeit- und Kulturange-bote, gute Verkehrsverbindungen: diese Eigen-schaften werden deutschen Städten häufig be-scheinigt. In einer 2018 veröffentlichten Studie des amerikanischen Beratungsunternehmens Mercer zur Bewertung der Lebensqualität in 231 Großstädten sind sieben deutsche Städte in den Top 30. Mit München (Rang 3), Düsseldorf (6) und Frankfurt a. M. (7) kamen sogar drei Städte unter die besten zehn. Berlin (13), Ham-burg (19), Nürnberg (23) und Stuttgart (28) sind ebenfalls auf Spitzenplätzen. In Deutschland gibt es 80 Großstädte (mehr als 100.000 Ein-wohner) und 614 Mittelstädte zwischen 20.000 und 99.999 Einwohner; 75,5 Prozent der Men-schen leben bereits in Städten.

Die Nachfrage nach urbanem Wohnraum hat zu einem starken Anstieg der Mietpreise bei Neuvermietungen sowie der Immobilienprei-se geführt. Deutschland liegt bei der Wohn-eigentumsquote in Europa an vorletzter Stelle. 45 Prozent der Haushalte wohnen in den eige-nen vier Wänden. Die Mehrheit zahlt Miete. Knapp 14 Prozent der Menschen sehen die Wohnkosten als „starke finanzielle Belastung". 27 Prozent der Monatseinkünfte entfallen im Durchschnitt auf Ausgaben fürs Wohnen. Die Bundesregierung hat daher eine Mietpreis-bremse auf den Weg gebracht, die in Gegenden mit angespanntem Wohnungsmarkt die sozia-le Vielfalt bewahren soll. Sie sieht vor, dass die Miete bei einem Mieterwechsel nur noch um höchstens zehn Prozent teurer ist als eine ver-gleichbare Wohnung – doch es gibt Ausnah-men. 2018 hat die Bundesregierung im Rah-men einer „Wohnraumoffensive" den Bau von 1,5 Millionen neuen Wohnungen und Eigen-heimen als Ziel gesetzt und zwei Milliarden Euro für sozialen Wohnungsbau bereitgestellt. Außerdem erhalten Familien einen staat-lichen Zuschuss – sogenanntes Baukinder-geld – zum Erwerb von Wohneigentum. ∎

〰 DIAGRAMM   **Konsumausgaben privater Haushalte in Deutschland**

So wohnen die Deutschen

Mehr als die Hälfte der Menschen in Deutsch-land wohnt zur Miete, nicht im eigenen Heim. 66 Prozent aller Wohngebäude sind Einfamili-enhäuser, nur 6 Prozent sind größere Gebäude mit sieben und mehr Wohnungen. 35 Prozent der Wohnungen und Häuser haben 100 m² und mehr Fläche, nur 5,5 Prozent der Wohnungen sind kleiner als 40 m².

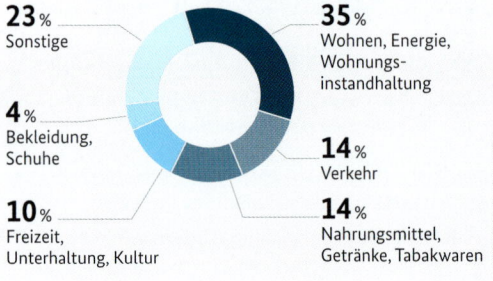

23% Sonstige

35% Wohnen, Energie, Wohnungs-instandhaltung

4% Bekleidung, Schuhe

14% Verkehr

10% Freizeit, Unterhaltung, Kultur

14% Nahrungsmittel, Getränke, Tabakwaren

Statistisches Bundesamt 2017

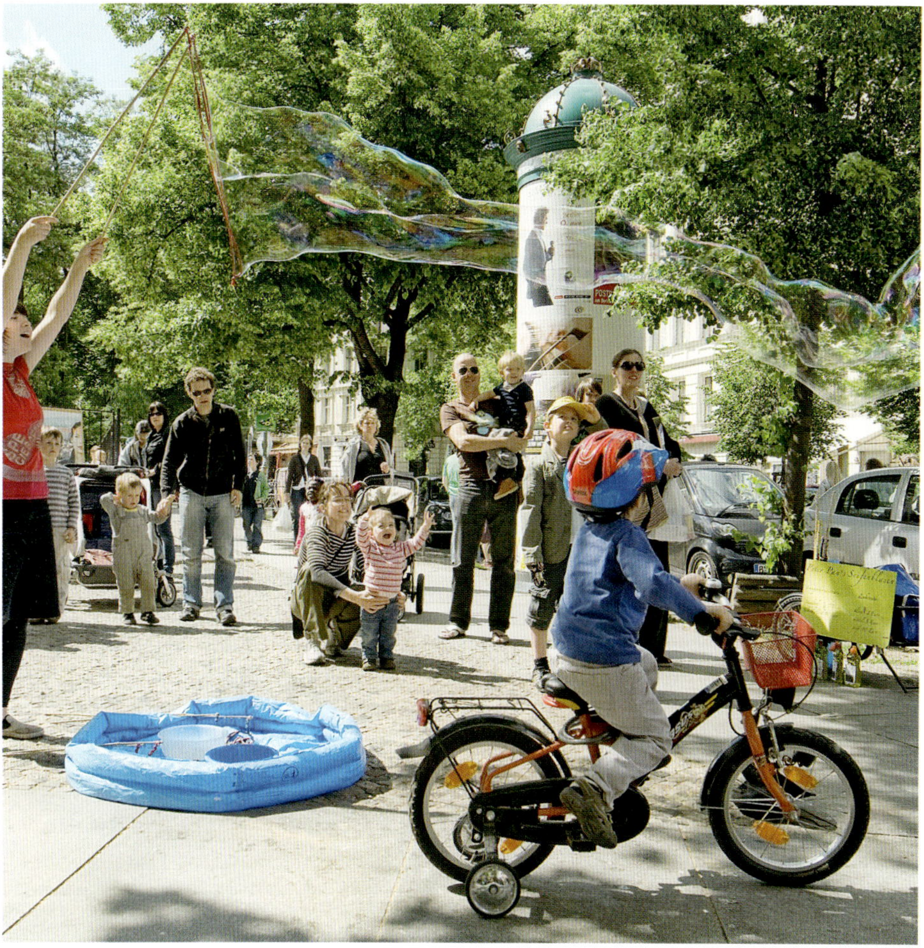

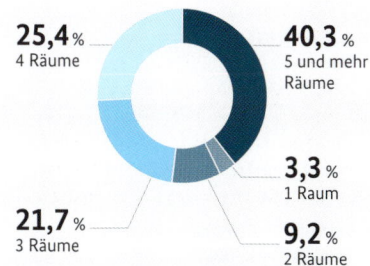

Urbane Lebensqualität ist der Wunsch vieler, daher steigen auch die Mieten in den Städten

Anteil der Stadtbevölkerung

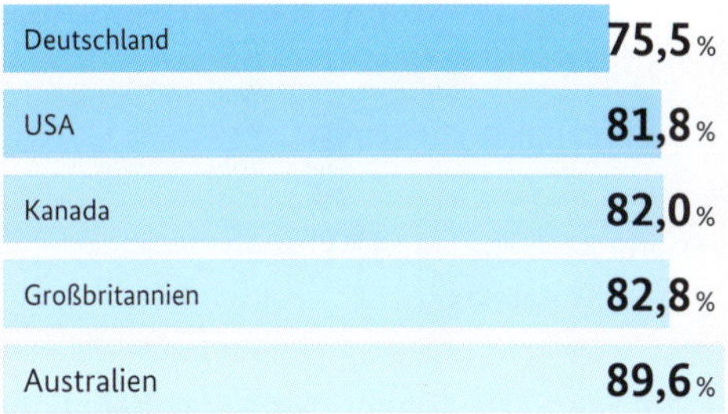

Deutschland 75,5 %
USA 81,8 %
Kanada 82,0 %
Großbritannien 82,8 %
Australien 89,6 %

Wohnungen in Deutschland nach Anzahl der Räume

25,4 % 4 Räume
40,3 % 5 und mehr Räume
3,3 % 1 Raum
21,7 % 3 Räume
9,2 % 2 Räume

Weltbank, Statist. Ämter des Bundes und der Länder 2017

THEMA

NACHHALTIGER TOURISMUS

Die Deutschen verreisen gern. Auch und gerade im eigenen Land. Immerhin stehen Alpen, Küste, Seenplatte, Naturparks, Flusstäler schon seit Jahren auf Platz eins der Reiseziele. Eine Leidenschaft für die Vielfalt der Landschaften, für die Sightseeing-, Sport- und Erholungsoptionen, die man längst mit einem stetig wachsenden Besucher- und Touristenstrom aus dem Ausland teilt. Seit Jahren gewinnt Deutschland als Tourismusdestination an Beliebtheit.

Die Zahl der Übernachtungen ist im Jahr 2017 auf 459 Millionen gestiegen; 83,9 Millionen (18,2 Prozent) entfielen auf Übernachtungen von Gästen aus dem Ausland – ein Rekordwert. Tourismusexperten pro-

gnostizieren einen Anstieg auf 121,5 Millionen bis 2030. Schon unmittelbar mit der deutschen Wiedervereinigung 1990 hat der positive Trend zum Deutschland-Tourismus eingesetzt und seither zu einem kontinuierlichen Anstieg der Übernachtungszahlen von ausländischen Gästen um rund 88 Prozent geführt. Gut 75 Prozent aller ausländischen Gäste kommen aus Europa, vor allem aus den Niederlanden, der Schweiz, Großbritannien und Italien. Aus den USA kommen 7,5 Prozent.

Zugleich wächst die Zahl der Besucher aus Asien und aus Afrika. Ihr Marktanteil wuchs von 2015 bis 2016 jeweils um rund 8 Prozent. In Europa belegt Deutschland seit 2010 den zweiten Platz unter den beliebtesten Reisezielen der Europäer – nach Spanien und vor Frankreich. Die saisonale Verteilung zeigt Spitzenwerte von Juni bis Oktober als Hauptreisezeit, die regionale Verteilung Höchstwerte für Bayern, Berlin und Baden-Württemberg. Für jüngere Leute zwischen 15 und 34 Jahren ist Deutschland als Reiseland attraktiv: Sie tragen zur positiven Entwicklung des Tourismus besonders bei.

Erfolgreicher Standort für Messen und Kongresse

Im Jahr 2017 konnte Deutschland zum 13. Mal in Folge seine Position als Tagungs- und

≡ LISTE

• Größter Flughafen: **Frankfurt a. M.**

• Größter Bahnhof: **Leipzig**

• Größter Hafen: **Hamburg**

• Größtes Messegelände: **Hannover**

• Größter Kurort: **Wiesbaden**

• Größtes Volksfest: **Oktoberfest**

• Größter Freizeitpark:
  Europa-Park, Rust

Reizvolles Alpenpanorama: Die vielen ausländischen Touristen, die nach Bayern kommen, schätzen die Idylle

Kongressstandort Nummer eins in Europa behaupten. Im internationalen Ranking der Kongressstandorte belegt Deutschland Platz zwei hinter den USA. Zu Messen nach Deutschland, das als wichtigster Messeplatz weltweit gilt, kamen 2016 rund 113.000 internationale Aussteller und 3,2 Millionen internationale Gäste zu Messen in Deutschland. Besonders die „Magic Cities" Berlin, Dresden, Düsseldorf, Frankfurt am Main, Hamburg, Hannover, Köln, Leipzig, München, Nürn-

berg und Stuttgart sind für ausländische Gäste attraktiv – vor allem Berlin. Über 31 Millionen Übernachtungen und 12,7 Millionen Gäste zählte die Hauptstadt 2016. Bei den absoluten Übernachtungszahlen liegt Berlin in Europa nach London und Paris auf dem dritten Platz.

Zu den touristischen Publikumsmagneten zählen, laut einer Erhebung der Deutschen Zentrale für Tourismus (DZT) unter interna- ▶

▶ tionalen Besuchern, Klassiker wie das Schloss Neuschwanstein und der Kölner Dom. Beliebt sind auch die zahlreichen UNESCO-Welterbestätten, darunter das Schloss Sanssouci in Potsdam oder die Klassikerstadt Weimar. Zudem locken Events wie das Münchner Oktoberfest, das größte Volksfest der Welt mit rund 6,2 Millionen Besuchern. Auch ein Fußballstadion gehört auf die Liste der Touristenmagneten: die Allianz Arena, ein Meisterwerk der Schweizer Architekten Herzog & de Meuron und Spielstätte des FC Bayern München.

Überhaupt die Bewegung. Wie die Kultur trägt auch sie einen großen Teil zur Anziehungskraft bei. Allein das rund 200.000 Kilometer lange markierte Wanderwegenetz bietet extrem gute Bedingungen und herrliche Aussichten, etwa bei Touren durch die Nationalparks oder vor dem Alpenpano-

rama. Dazu kommen mehr als 200 gut ausgebaute Radfernwege über 70.000 Kilometer, wie etwa der Europaradweg Eiserner Vorhang (1.131 Kilometer) oder der 818 Kilometer lange Deutsche Limes-Radweg. Wer preisgünstig übernachten möchte, findet zum Beispiel in einer der 500 Jugendherbergen, davon 130 Familien-Jugendherbergen, oder auf einem der 2.919 Campingplätze ausreichend Gelegenheiten.

Wohlfühlurlaub und umweltfreundliches Reisen

Wellness ist ein großes Thema im Reiseland Deutschland. Dazu gehören so ungewöhnliche Angebote wie die Flusssauna in der Emser Therme, aber auch die zahlreichen Wohlfühllandschaften der Kurorte und Heilbäder wie Bad Wörishofen oder Bad Oeynhausen mit seiner Gründerzeitarchitektur. Insgesamt gibt es in Deutschland über 350 Heilbäder und Kurorte, die ein vom Deutschen Heilbäderverband anerkanntes Prädikat führen. Auch die Qualität der medizinischen Behandlung und Rehabilitation führt zahlreiche Gäste nach Deutschland.

Dabei sorgen die Reisenden immer häufiger nicht nur für das eigene Wohlbefinden, sondern achten auch auf das der Umwelt. In Deutschland wächst die Nachfrage nach Ökotourismus und nachhaltigem Reisen. Biohöfe bieten Urlaubszimmer an, es gibt 104 Naturparks und 17 Biosphärenreservate, in denen nachhaltige Entwicklung und Artenvielfalt großgeschrieben werden. Damit jeder sich im Reiseland Deutschland gut bewegen

---

Ⓐ **INFO**

Klima In Deutschland herrscht ein warm-gemäßigtes Regenklima mit westlichen Winden vor. Große Temperaturschwankungen sind selten. Niederschläge fallen das ganze Jahr über. Milde Winter (2 °C bis −6 °C) und nicht zu heiße Sommer (18 °C bis 20 °C) sind die Regel. Die Jahresmitteltemperatur 2014 erreichte mit 10,3 °C einen Rekordwert und lag 2,1 Grad über dem vieljährigen Mittelwert von 8,2 °C der internationalen Referenzperiode 1961 bis 1990. 2014 war 0,4 Grad wärmer als die bislang wärmsten Jahre 2000 und 2007.
→ dwd.de

• **Die Top-Reiseziele**

Die elf „Magic Cities" haben einen Marktanteil von rund 43 Prozent an allen Übernachtungen von ausländischen Gästen in Deutschland. Berlin liegt dabei deutlich vor München, Frankfurt a. M. und Hamburg. 56 Prozent der Ausländerübernachtungen finden in Städten mit über 100.000 Einwohnern statt.

✈ **Die wichtigsten Airports**

Die drei größten Flughäfen in Deutschland sind der Flughafen Frankfurt mit 64,5 Millionen Passagieren, München mit 44,6 Millionen und Düsseldorf mit 24,5 Millionen im Jahr 2017.

★ **Die beliebtesten Sehenswürdigkeiten**

Nach einer Umfrage der Deutschen Zentrale für Tourismus waren 2017 das Miniaturwunderland in Hamburg, der Europa-Park in Rust und Schloss Neuschwanstein die drei beliebtesten Reiseziele ausländischer Touristen.

kann, sorgen viele Initiativen dafür, das Reisen uneingeschränkt auch für Menschen mit Handicap barrierefrei zu ermöglichen.

**Attraktive touristische Angebote
in den neuen Ländern**

Die fünf neuen Länder spielen beim Tourismus eine starke Rolle. Für viele Regionen im Osten Deutschlands erwies sich nach der Wiedervereinigung der Tourismus als Chance, wirtschaftlich Fuß zu fassen. Landschaften wie der Spreewald, traditionsreiche Kulturstädte wie Dresden oder Weimar und Ostseebäder wie Binz auf Rügen ziehen Touristen aus Deutschland und dem Ausland an. Die Zahl der Übernachtungen in den neuen Ländern hat sich seit 1993 bis heute mehr als verdoppelt. Bei Urlaubsreisen ab fünf Tagen lag Mecklenburg-Vorpommern im Nordosten 2017 mit einem Marktanteil von 5,1 Prozent knapp vor dem alten Bundesland Bayern im Süden mit 4,9 Prozent. Egal wie viel man schon gesehen hat – es gibt immer noch mehr zu entdecken, zu erleben, zu feiern und zu bestaunen im Reiseland Deutschland. ∎

THEMA

SPORTLICHE HERAUSFORDERUNGEN

Deutschland ist ein sportbegeistertes Land und eine erfolgreiche Sportnation. Im ewigen Medaillenspiegel der Olympischen Spiele liegt Deutschland mit 1.757 Medaillen (Stand 2018) auf Platz drei hinter den USA und der Russischen Föderation. Rund 28 Millionen Menschen in Deutschland sind Mitglied in einem der rund 91.000 Sportvereine. Die Vereine übernehmen neben den sportlichen Aufgaben wichtige gesellschaftliche und partizipative Funktionen. Vor allem in der Jugendarbeit und der Integration vermitteln sie Werte wie Fairplay, Teamgeist und Toleranz. Aufgrund der steigenden Internationalisierung der Bevölkerung gewinnen die Leistungen der Sportvereine mit Blick auf die Integration von Migrantinnen und Migranten zunehmend an Bedeutung. Rund 60.700 Vereine haben Mitglieder mit Migrationshintergrund in ihren Teams. Insgesamt ist davon auszugehen, dass rund 1,7 Millionen Menschen mit Migrationshintergrund Mitglied in einem Sportverein sind. Trotzdem ist die Gruppe der Menschen mit Migrationshintergrund im organisierten Sport noch zu wenig vertreten.

Das Programm „Integration durch Sport" des Deutschen Olympischen Sportbunds (DOSB) betrachtet Zuwanderung als Bereicherung für die deutsche Sportlandschaft. Ein Schwerpunkt der Programmarbeit liegt auf bislang im Sport unterrepräsentierten Gruppen, wie zum Beispiel Mädchen und Frauen. Gemeinsam mit der Bundesliga-Stiftung und dem Deutschen Fußball-Bund (DFB) hat auch die Bundesregierung eine Integrationsinitiative gestartet. Unterstützt werden Projekte zur Integration von Flüchtlingen im Sport. Das von der deutschen Fußball-Nationalmannschaft unterstützte Projekt „1:0 für ein Willkommen" und die Weiterführung „2:0 für ein Willkommen" hat seit 2015 rund 3.400 Vereine bei ihrer eh- ▶

 WEGMARKEN

1954

Deutschland wird in der Schweiz zum ersten Mal Fußball-Weltmeister (3:2 im Finale gegen Ungarn). Das „Wunder von Bern" wird für das Nachkriegsdeutschland zum dauerhaften Symbol.

1972

Die Olympischen Sommerspiele in München werden überschattet von der Geiselnahme und Ermordung israelischer Athleten durch palästinensische Terroristen.

1988

Steffi Graf erreicht als erste Tennisspielerin den sogenannten Golden Slam, den Gewinn aller vier Grand-Slam-Turniere plus der olympischen Goldmedaille innerhalb eines Kalenderjahres.

Bei den Paralympics 2018 in Pyeongchang gewann Monoskifahrerin Anna Schaffelhuber zwei Goldmedaillen

2006

Die FIFA-Fußballweltmeisterschaft unter dem Motto „Die Welt zu Gast bei Freunden" wird zum unvergesslichen „Sommermärchen", das Deutschland international viele Sympathien bringt.

2014

Die deutsche Fußballnationalmannschaft wird nach einem starken Turnier in Brasilien erneut Weltmeister (1:0 im Finale gegen Argentinien). Es ist Deutschlands vierter WM-Titel seit 1954.

2018

Die Eiskunstläufer Aljona Savchenko und Bruno Massot gewinnen für Deutschland sowohl Olympia-Gold als auch die Weltmeisterschaft im Paarlauf – jeweils mit einem Weltrekord in der Kür.

▶ renamtlichen Arbeit mit Flüchtlingen finanziell gefördert.

Der DOSB ist eine Dachorganisation des deutschen Sports und versteht sich als die größte Bürgerbewegung Deutschlands. Er fördert den Spitzen- und den Breitensport. Mehr als 20.000 der 91.000 Sportvereine, die er vertritt, wurden seit der Wiedervereinigung Deutschlands 1990 gegründet. Dem DOSB gehört, als einer von 98 Mitgliedsorganisationen, auch der im Jahr 1900 gegründete Deutsche Fußball-Bund an. Mit sieben Millionen Mitgliedern in 25.000 Fußballvereinen hat der DFB aktuell den bisherigen Höchststand in seiner Geschichte erreicht und ist der größte nationale Sportfachverband der Welt.

Neben Sportklettern, Modernem Fünfkampf und Boxsport ist Triathlon eine der Sportarten mit dem größten Mitgliederzuwachs. Zwischen 2001 und 2015 hat sich die Mitgliederzahl in den Vereinen mehr als verdoppelt. 2017 waren knapp 85.000 Männer und Frauen im Triathlon aktiv.

Die größte Strahlkraft des deutschen Sports geht von der Bundesliga, der höchsten Spielklasse im deutschen Fußball, aus. Sie gilt international als eine der stärksten Ligen. Allein zu den 306 Paarungen der 18 Bundesliga-Teams kamen in der Saison 2016/2017 rund 12,7 Millionen Zuschauer in die Stadien, das entspricht einem Schnitt von 41.500 Zuschauern je Spiel. Das Maß aller Dinge im deutschen Vereinsfußball ist der FC Bayern München. Im April 2018 feierte der Club den Gewinn der 28. Deutschen Meisterschaft; außerdem hat der FC Bayern zum 18. Mal den DFB-Pokal gewonnen, 2001 und 2013 zudem die UEFA-Champions-League. Mit mehr als 290.000 Mitgliedern ist er weltweit der Verein mit den meisten Mitgliedern.

Mehr als 63.000 Läufer: Die J.P. Morgan Corporate Challenge in Frankfurt ist der weltweit größte Event seiner Art

Die deutsche Fußballnationalmannschaft der Männer, vierfacher Weltmeister und dreifacher Europameister, ist das Flaggschiff des deutschen Fußballs. Seit dem Gewinn der FIFA-Fußballweltmeisterschaft 2014 in Brasilien steht Deutschland mit an der Spitze der FIFA-Weltrangliste. Die Mannschaft von Teamchef Joachim Löw gilt als taktisch flexibel und steht für eine moderne Interpretation des Spiels. Im Kader der Nationalelf sind zahlreiche Spieler mit Migrationshintergrund wie Jérôme Boateng, Sami Khedira oder Mesut Özil.

Sportliche Anerkennung und Erfolge in unterschiedlichen Disziplinen

 **GLOBAL**

Anti-Doping-Initiativen Mit Gründung der Welt-Anti-Doping-Agentur (WADA) im Jahr 1999 und dem Bekenntnis aller Stakeholder zur Null-Toleranz-Politik gegenüber Doping entstand das Bedürfnis nach einem einheitlichen, weltweit gültigen Regelwerk. Dies wurde mit dem Welt-Anti-Doping-Code (WADC) 2003 zum ersten Mal umgesetzt und 2015 aktualisiert. Eine neue Fassung soll am 1. Januar 2021 in Kraft treten.
→ wada-ama.org

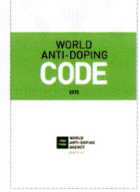

Neben Fußball sind Turnen, Tennis, Sportschießen, Leichtathletik, Handball und Reiten Sportarten mit hohem Zuspruch. Aber auch andere Sportveranstaltungen sind erfolgreich. So der J. P. Morgan Corporate Challenge in Frankfurt am Main. Der Firmen- und Benefizlauf gilt mit über 63.000 Teilnehmern aus mehr als 2.419 Unternehmen als weltgrößte Veranstaltung dieser Art.

Die sportliche Bilanz fällt in vielerlei Hinsicht positiv aus. Anerkennung dafür gebührt auch der Stiftung Deutsche Sporthilfe. Sie unterstützt rund 4.000 Athletinnen und Athleten aus fast allen olympischen Disziplinen, traditionsreichen nichtolympischen Sportarten sowie dem Behinderten- und Gehörlosensport. Die Förderung von Aktiven mit Handicap gehört ebenfalls zu den wichtigen Aufgaben. Und auch hier sind Sportlerinnen und Sportler aus Deutschland bei internationalen Wettbewerben und Paralympischen Spielen mit mittlerweile 1.871 Medaillen (2018) überdurchschnittlich erfolgreich.

Die Internationale Sportförderung des Auswärtigen Amts ist fester Bestandteil der Auswärtigen Kultur- und Bildungspolitik und hat bislang schon in über 100 Ländern mehr als 1.400 Kurz- und Langzeitprojekte in unterschiedlichen Sportarten umgesetzt. Nur ein Beispiel ist ein Langzeitprojekt zur Förderung des Frauenfußballs in Uruguay, das Trainerinnen ausbildet und Mädchen und Frauen eine bessere Teilhabe am Sport, insbesondere im Fußball, ermöglicht.

Auf diesem und auf vielen anderen Wegen ist der deutsche Sport unterwegs, um auch als Mittel der Krisenprävention und Völkerverständigung, Botschafter für mehr Fairness, Toleranz, Integration, friedlichen Wettkampf und Leistung zu Hochform aufzulaufen. ∎

PANORAMA

SEHENSWERTES BERLIN

Mitte

Friedrichshain-
Kreuzberg

Berliner Bezirke

A. Mitte
B. Friedrichshain-Kreuzberg
C. Pankow
D. Charlottenburg-
   Wilmersdorf
E. Spandau
F. Steglitz-Zehlendorf
G. Tempelhof-Schöneberg
H. Neukölln
I. Treptow-Köpenick
J. Marzahn-Hellersdorf
K. Lichtenberg
L. Reinickendorf

❶ Gedächtniskirche
Das Wahrzeichen der City
West nahe dem Kurfürs-
tendamm ist ein Mahnmal
gegen den Krieg.

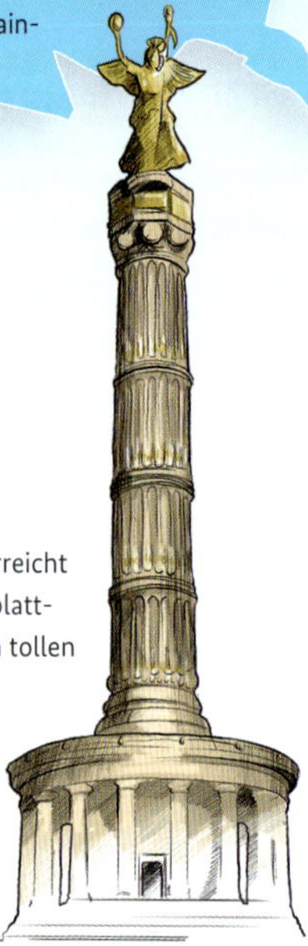

❷ Siegessäule
Nach 285 Stufen erreicht
man die Aussichtsplatt-
form und hat einen tollen
Blick auf die Stadt.

❸ Reichstag
Hier hat der Deutsche Bundestag seinen Sitz. Die
Glaskuppel ist ein Magnet
für Besucher.

3.712.000
Einwohner

12.970.000
Touristen

2.300.000
Besucher Museumsinsel

175
Museen und Sammlungen

❹ Brandenburger Tor
Das Symbol des wieder-
vereinten Deutschlands
kennt jeder Berlin-Tourist.

❺ Potsdamer Platz
Hier zeigt sich das
moderne Gesicht
Berlins. Der Platz
entstand nach dem
Mauerfall auf einer
gigantischen Brache.

❻ Gendarmenmarkt
Einer der schönsten
Plätze in Europa prunkt
mit gleich drei monu-
mentalen Bauten im
klassizistischen Stil.

❼ Checkpoint Charlie
Die Mauer ist weg, aber der
einstige militärische Kon-
trollpunkt erinnert weiter an
den Kalten Krieg.

❽ Museumsinsel
Die fünf großen Museen
gehören zu Europas besten
Sammlungen.

❿ East Side Gallery
Der kunstvoll bemalte Mauer-
rest ist heute die längste
Open-Air-Galerie der Welt.

**❾ Fernsehturm
am Alexanderplatz**
Weithin sichtbar ist
der Berliner Fern-
sehturm am „Alex",
aus der Turmkugel
überblickt man die
ganze Region.

496.471
Berlinale-Besucher

4.500.000
Zoo-Besucher

4.660
Restaurants

402
Bars und Diskotheken

THEMA
ENTSPANNTES GENIESSEN

Seit Anfang des Jahrtausends erlebt der deutsche Wein eine internationale Renaissance, die eng mit dem Begriff „Rieslingwunder" verknüpft ist und weitgehend von einer jungen Winzergeneration verkörpert wird, die vor allem auf hohe Qualität statt große Erträge setzt. Die lange Vegetationszeit und die vergleichsweise geringe Sommerhitze machen die Weine aus Deutschland filigran und nicht zu alkoholreich.

Deutsche Weine wachsen in 13 Anbaugebieten, in denen auf rund 102.000 Hektar eine große Vielfalt regionaltypischer Weine ausgebaut werden. Im internationalen Vergleich gehört Deutschland mit seiner Rebfläche und rund 80.000 Weingütern eher zu den mittle-

ren Weinanbauländern; 2017 lag die Produktion bei 8,1 Millionen Hektolitern. Der Marktanteil von Biowein liegt zwischen 4 und 5 Prozent. Die deutschen Weinanbaugebiete gehören zu den nördlichsten der Welt. Außer Sachsen und Saale-Unstrut liegen sie vor allem im Südwesten und Süden des Landes. Die drei größten Anbaugebiete sind Rheinhessen, Pfalz und Baden. Nahezu 140 Rebsorten werden angebaut, größere Marktbedeutung haben rund zwei Dutzend, allen voran die Weißweine Riesling und Müller-Thurgau. Deutschland erzeugt zu rund 64 Prozent Weißwein und zu 36 Prozent Rotwein; Spätburgunder und Dornfelder sind hier die wichtigsten Rebsorten.

Deutschland ist auch ein Land des Bieres. Dabei wird deutsches Bier vor allem für seine teils jahrhundertealte Brautradition der vielen kleinen Familien- und Klosterbrauereien geschätzt. Für alle deutschen Biere gilt ohne Ausnahme das absolute Reinheitsgebot, die älteste lebensmittelrechtliche Vorschrift der Welt aus dem Jahr 1516. Sie besagt, dass außer Wasser, Hopfen und Malz keine anderen Zutaten verwendet werden dürfen. 5.000 bis 6.000 Biersorten werden in Deutschland hergestellt, die meisten in der Pilsener Brauart; insgesamt ist der Bierkonsum jedoch rückläufig.

Die Ernährungsgewohnheiten in Deutschland sind nicht eindeutig zu interpretieren. Einerseits entwickeln viele Konsumenten ei-

 ZAHL

300

Restaurants in Deutschland, so viele wie niemals zuvor, hat der Guide Michelin im Jahr 2018 in Deutschland mit einem, zwei oder sogar drei Sternen ausgezeichnet. Elf Restaurants wurden in die Topklasse der drei Sterne aufgenommen. Damit behauptet Deutschland seinen Platz als europäisches Land mit den meisten 3-Sterne-Adressen nach der Gourmetnation Frankreich.
→ bookatable.com/de/guide-michelin

Großstadtflair: In Berlin, aber auch in den anderen deutschen Städten, gibt es eine lebendige Restaurantszene

ne wachsende Sensibilität für den eigenen Körper und auch ein stärkeres Gesundheitsbewusstsein und setzen daher auf ausgewogene Ernährungskonzepte. Megatrends wie die Mobilität oder die Individualisierung der Lebensstile nehmen anderseits einen deutlichen Einfluss auf Ess- und Trinkgewohnheiten.

Die deutsche Gastronomie gilt als dynamisch und vielseitig – und sie zählt zu den besten in Europa. Neben der Top-Gastronomie, dem Crossover-Stil und einer zunehmend vegetarisch und vegan ausgerichteten Küche erleben alte Gemüsesorten wie Pastinaken, Butterrüben und Topinambur eine Renaissance. Sie sind Säulen des aktuellen Booms des Gesunden, Saisonalen, Regionalen und des Geschmacks von Heimat. Dabei werden die Klassiker von einer jungen Kochszene interpretiert und mit globalen Einflüssen aufgewertet. ∎

BILDNACHWEISE

REGISTER

IMPRESSUM

 **Tatsachen über Deutschland**

Herausgeber
FAZIT Communication GmbH, Frankfurt am Main,
in Zusammenarbeit mit dem Auswärtigen Amt, Berlin

Konzeption und redaktionelle Leitung
Peter Hintereder, Janet Schayan
Redaktion
Johannes Göbel, Martin Orth, Dr. Helen Sibum
Autoren
Matthias Bischoff, Dr. Eric Chauvistré,
Constanze Kleis, Joachim Wille
Art-Direktion
Martin Gorka
Info-Grafiken Panorama
Einhorn Solutions
Produktion
Kerim Demir, André Herzog, Stefan Reichart

FAZIT Communication GmbH
Frankenallee 71–81
60327 Frankfurt am Main, Deutschland
Internet: www.fazit-communication.de
E-Mail: tatsachen@fazit-communication.de

Auswärtiges Amt
Abteilung für Kultur und Kommunikation
Werderscher Markt 1
10117 Berlin, Deutschland
Internet: www.auswaertiges-amt.de
E-Mail: 608-R@auswaertiges-amt.de

Druck
Krüger Druck+Verlag GmbH & Co. KG
66763 Dillingen, Deutschland
Printed in Germany 2018

Redaktionsschluss
Juni 2018
ISBN
978-3-96251-031-2

„Tatsachen über Deutschland"
erscheint in folgenden Sprachfassungen
Arabisch, Chinesisch, Deutsch, Englisch,
Französisch, Indonesisch, Japanisch, Koreanisch,
Polnisch, Portugiesisch, Russisch, Spanisch,
Türkisch und Ukrainisch

„Tatsachen über Deutschland" im Internet
www.tatsachen-ueber-deutschland.de

Die Herausgeber legen Wert auf eine Sprache, die
Frauen und Männer gleichermaßen berücksichtigt.
In dieser Publikation finden sich allerdings nicht
durchgängig geschlechtergerechte Formulierungen,
da die explizite Nennung beider Formen in manchen
Texten die Lesbarkeit erschwert.